折れない志

吉田松陰 50の言葉

監修 伊藤賀一

リベラル文庫

序

「狂」の人間こそ愛するべき。頭脳だけの人間は危険である。

狂愚《きょうぐ》誠に愛すべし、才良誠に虞《おそ》るべし。（松陰詩稿《しこう》　嘉永《かえい》七年）

■現代訳■　常識を逸脱した愚か者は、愛すべき存在である。頭脳だけが発達した理屈っぽい人間は、実に恐ろしいものである。

はじめに ～「狂」の人？ 吉田松陰～

吉田松陰《よしだしょういん》という人を評するとき、この「狂」の文字に触れないわけにはいかない。

幕末という日本史上有数の動乱期、「狂」の精神を前面に掲げ、過激な言動で短い生涯ながら、多くの幕末の志士や明治政府の重鎮を育て上げた人物――それが、多くの人々が抱く「吉田松陰像」ではないだろうか。

しかし、松陰が残した膨大な言葉の数々――著作、意見書、和歌、そして無数の手紙に丹念に触れていくと、印象が大きく変わるはずだ。確かに、過激な言動の目立つ人物であることは間違いない。だが、それ以上に目を引くのは、次のような点だ。

① 旺盛な好奇心と、それに突き動かされたかのような行動力。

② 囚人や身分の低い者、年少者にも真摯に向き合おうとする姿勢。

③ 家族や親類、弟子たちに対する細やかな気遣い。

本書ではできる限り、そのような「人間・吉田松陰」の実像と魅力を垣間《かいま》見ることのできる言葉を選んだ。そして、松陰やその弟子たちの行動や心の動きがより鮮明にわかるように、日本という国がどのように歩んだのかも記述した。

松陰の松下村塾《しょうかそんじゅく》からは、久坂玄瑞《くさかげんずい》、高杉晋作《たかすぎしんさく》、伊藤博文《いとうひろぶみ》、山県有朋《やまがたありとも》ら、幕末から明治維新の主役たちが輩出されていった。それだけでも、松下村塾を指して「最強の教育機関」と呼ぶことはできるだろう。だが、その根底にあったものを知るためには、自身はわずか二十九歳で刑死し、倒幕も維新も見ることのなかった吉田松陰の生涯と思想に触れる必要があるのではないだろうか。

本書を読み終わったとき、松陰の教えを受けた者たちがなぜ、日本史上最大の転換期の主役になり得たかがわかるはずだ。

（松陰が養子に入った、長州《ちょうしゅう》藩山鹿《やまが》流軍学師範・吉田家の家紋）

目次

■第二章 狂気 ―吉田松陰 二十四～二十七歳の言葉―

目次

■第四章　残志　―吉田松陰をとりまく人々の言葉―

吉田松陰人物相関図

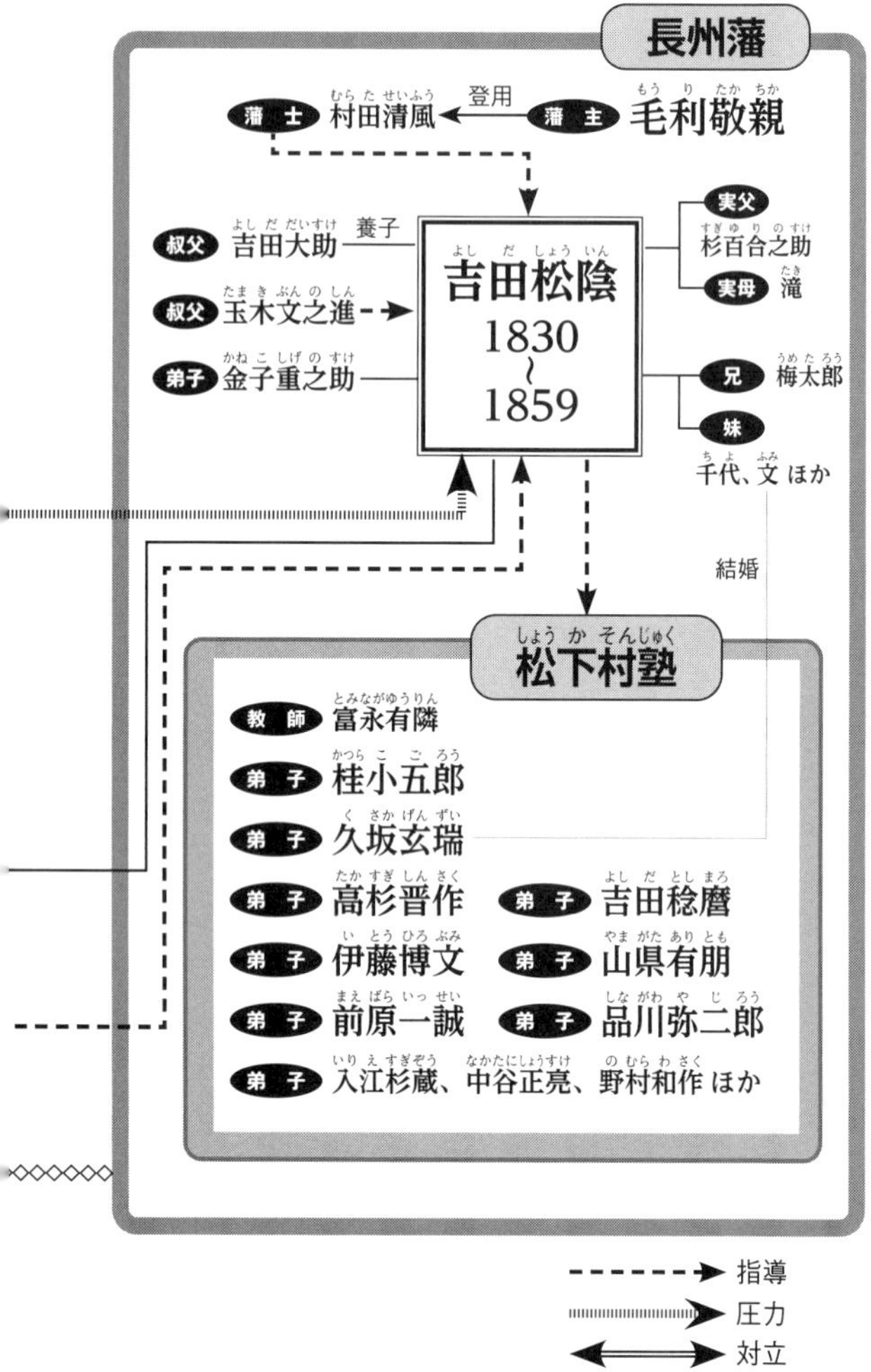
長州藩
藩主 毛利敬親《もうりたかちか》
登用
藩士 村田清風《むらたせいふう》
叔父 吉田大助《よしだだいすけ》
養子
叔父 玉木文之進《たまきぶんのしん》
弟子 金子重之助《かねこしげのすけ》
吉田松陰《よしだしょういん》
1830〜1859
実父 杉百合之助《すぎゆりのすけ》
実母 滝《たき》
兄 梅太郎《うめたろう》
妹 千代《ちよ》、文《ふみ》 ほか
結婚
松下村塾《しょうかそんじゅく》
教師 富永有隣《とみながゆうりん》
弟子 桂小五郎《かつらこごろう》
弟子 久坂玄瑞《くさかげんずい》
弟子 高杉晋作《たかすぎしんさく》
弟子 吉田稔麿《よしだとしまろ》
弟子 伊藤博文《いとうひろぶみ》
弟子 山県有朋《やまがたありとも》
弟子 前原一誠《まえばらいっせい》
弟子 品川弥二郎《しながわやじろう》
弟子 入江杉蔵《いりえすぎぞう》、中谷正亮《なかたにしょうすけ》、野村和作《のむらわさく》 ほか
指導
圧力
対立

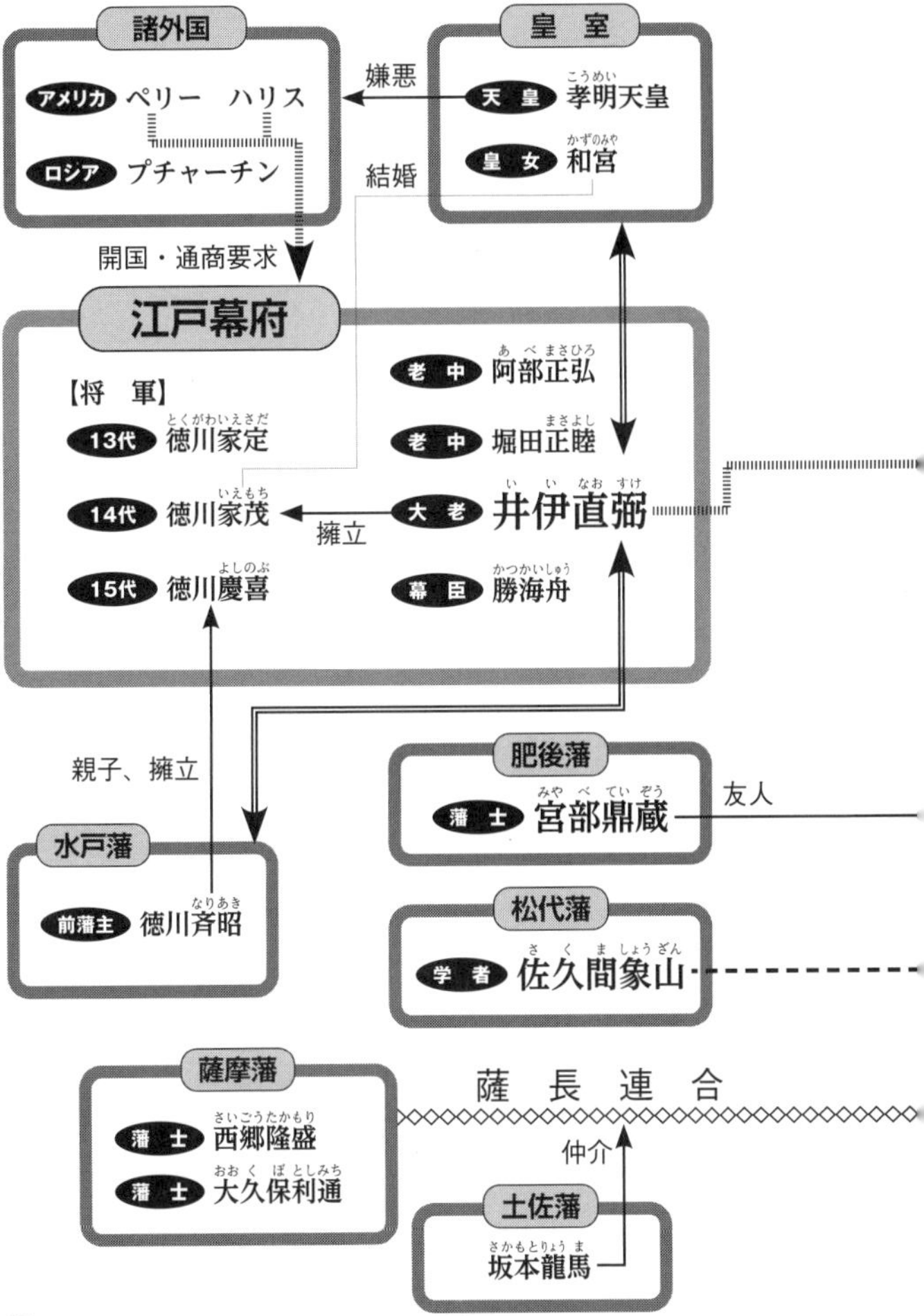

諸外国
アメリカ ペリー ハリス
ロシア プチャーチン
嫌悪
結婚
皇室
天皇 孝明天皇《こうめい》
皇女 和宮《かずのみや》
開国・通商要求
江戸幕府
【将軍】
13代 徳川家定《とくがわいえさだ》
14代 徳川家茂《いえもち》
15代 徳川慶喜《よしのぶ》
老中 阿部正弘《あべまさひろ》
老中 堀田正睦《まさよし》
大老 井伊直弼《いいなおすけ》
擁立
幕臣 勝海舟《かつかいしゅう》
親子、擁立
水戸藩
前藩主 徳川斉昭《なりあき》
肥後藩
藩士 宮部鼎蔵《みやべていぞう》
友人
松代藩
学者 佐久間象山《さくましょうざん》
薩摩藩
藩士 西郷隆盛《さいごうたかもり》
藩士 大久保利通《おおくぼとしみち》
薩長連合
仲介
土佐藩
坂本龍馬《さかもとりょうま》

第一章

立志

吉田松陰　十～二十三歳の言葉

1 戦法の本であっても、完璧に勝つ方法は、どこにも書かれていない。

武教全書《ぶきょうぜんしょ》は此《こ》の書の名目なり。戦法は戦の作法なり。此の書、客戦《きゃくせん》よりして以下何《いず》れも戦の道を説いてあるなれども、或《あるい》は客戦、或は主戦、叉《また》は山の戦、河の戦など、其《そ》の場処《ばしょ》場処に応じて戦ふべき作法を教へてあれども、全く勝つべき術《すべ》はいまだ言ひ及ぼさず。（未忍焚稿《みにんふんこう》　弘化《こうか》三年）

■現代訳■　武教全書は、この本の題名である。戦法とは、戦の方法である。この本は、敵の領土で戦う客戦をはじめ、自分たちの領土に迎え撃つ主戦、または山での戦や河での戦など、状況に応じた戦い方を教えているが、完璧に勝つ方法は、書いていない。

勉学に励む

天保五（一八三四）年、吉田松陰は四歳のときに、叔父・吉田大助《だいすけ》の仮養子となった。吉田家は山鹿流《やまがりゅう》兵学という軍学の師範として代々藩主・毛利《もうり》家に仕え、長州の藩校《はんこう》・明倫館《めいりんかん》（＊1）で教授をする家系であった。

松陰が養子となった翌年、大助が死去し、松陰が吉田家の家督を継いだ。吉田家を継ぐということは、松陰が将来的には明倫館で山鹿流兵学を教えることを意味する。

山鹿流兵学は、山鹿素行《そこう》（＊2）を祖とする軍学である。素行は実践的な学問を提唱し、幕府の進める朱子学を批判したことで、赤穂《あこう》藩へ配流された。その際、「忠臣蔵《ちゅうしんぐら》」で有名な大石内蔵助《おおいしくらのすけ》にも山鹿流を説いている。

松陰は幼少から、山鹿流兵学師範をめざして勉学に励んだ。藩主の御前で、素行の著書『武教全書』の「戦法編」を講義し、藩主の質問にもすらすらと答えて褒め称えられたのは、十歳のときだ。『武教全書講章』はそのときの講義ノートで、松陰の早熟ぶりを伝えるものである。

2
志さえあれば、どんな目標もかなえることができる。

夫《そ》れ志《こころざし》の在る所、気も亦従《またしたが》ふ。志気の在る所、遠くして至るべからざるなく、難《かた》くして為《な》すべからざるものなし。（未忍焚稿《みにんふんこう》　弘化《こうか》三年）

■現代訳■　志さえあれば、やる気はついてくるものだ。志やる気さえあれば、どれほど遠くにある目標でも、かなえることができるはずだ。

「志」を胸に抱く

幕末は、日本の歴史において有数の変革期であり、転換点であった。その幕末で時代を担ったのは、志士とよばれる者たちである。江戸幕府の権威が衰え、外国からの圧力に日本が揺らぐ中で、彼らは、これからの日本はどうあるべきかを考え、行動に移して、近代日本の基礎をつくりあげた。この一大事業を成し遂げた志士たちには、共通点があった。彼らの心の中に、志があったことである。

もちろん志とは、国家の問題に限定されるものではない。医者になって多くの人を救いたいというのも、一人前の武士となって藩主に仕えたいというのも、やはり志なのである。そして、志があれば、どれだけ困難な道でも乗り越えることができる。だからこそ松陰は、医学修行に旅立つ友人、松村文祥《まつむらぶんしょう》（＊3）にこの言葉を贈ったのである。

当時の松陰は十六歳。山鹿流兵学の師範という志を立てて勉学に励み、独立師範（＊4）を目指しているころであった。

3 人材・武器・訓練・作戦の整備を、一日も欠いてはならない。

方今《ほうこん》、遠西猖獗《えんせいしょうくつ》なり、我れ何の待つ所ありて、而《しか》る後之《こ》れを恃《たの》むや。曰《いわ》く、四あり。人才能《よ》く弁ず。器械能く利なり。操錬《そうれん》、法あり。戦法、術あり。凡《およ》そ此《こ》の四者は、国家の急務にして、一日も欠くべからざるものなり。（未忍焚稿　弘化三年）

■現代訳■　最近の情勢では、ヨーロッパ諸国の勢いが盛んである。どのような準備があれば、わが国の防衛を託すことができるだろうか。それには、四つのことが挙げられる。一つはすぐれた人材。二つには強力な武器。三つめは兵士の訓練。四つめは作戦だ。この四つは、国にとっての急務であって、一日も欠いてはならない。

国防の急務を主張

十二歳の松陰の耳に、衝撃的な知らせが届いた。大国・清《しん》の敗北だ。日本は古くから、中国の文化や制度、学問を導入してきた。当時、中国をおさめていた清は、東アジアに君臨する超大国であった。

その清が、天保十三（一八四二）年、イギリスに敗れた。アヘン戦争（＊5）である。戦争の原因となったアヘンの密輸を行ったのがイギリスなら、先に武力を行使したのもイギリス。しかし清は、その理不尽な戦争に敗れ、不平等条約（＊6）を結ばされた。いまや国家の存立が揺らいでいるという。

日本は中国から目と鼻の先にある。日本でも、近い将来、同じことが起こるのではないか。その危機感が松陰を駆り立てた。この文章は、清の敗北に衝撃を受けて書かれたものである。

人材を育て、軍事力を増強し、演習を行い、戦術を確立して、国防を整えることが急務である——時代を感じ、視野を広げ、未来を読む。そしていま、何が必要かを、大局的な視点から考えたのであった。

＊1 **明倫館**
長州藩の藩校。享保《きょうほう》三(一七一六)年、当時の藩主・毛利吉元《よしもと》が設立した。

＊2 **山鹿素行**
一六二二〜一六八五　会津《あいづ》出身の兵学者。『武教全書』の執筆によって、山鹿流兵学を確立。

＊3 **松村文祥**
松陰の叔父である玉木文之進《たまきぶんのしん》が主宰していたころの松下村塾《しょうかそんじゅく》で、松陰とともに学んだ学友。

＊4 **独立師範**
後見人などを立てず、自分で講義などを行う一人前の教授。

＊5 **アヘン戦争**
一八四〇年、イギリスが清を攻撃して始まった戦争。イギリスは、清から輸入した茶の代金を得るために、インドで栽培した麻薬のアヘンを清に密輸していた。アヘン中毒の蔓延から密輸を取り締まった清に対して、イギリスが武力行使を行った。

＊6 **不平等条約**
香港の割譲、上海など五港の開港、賠償金の支払いなどを清に定めた南京条約。香港がイギリスから中国に返還されたのは、一五〇年以上後の平成九(一九九七)年のことである。

◆鎖国体制崩壊の足音

泰平《たいへい》の　眠りを覚ます　上喜撰《じょうきせん》（＊A）　たった四杯《しはい》で　夜も眠れず

江戸時代末期、アメリカ・フィルモア（＊B）大統領の書簡をたずさえたペリー艦隊、いわゆる「黒船」が日本に来航した際、そのような狂歌が詠まれた。

泰平の眠り――江戸幕府二〇〇年以上にわたる平和は、幕府が成立して間もない十七世紀中ごろに成立した鎖国体制によって保たれていた側面が強い。外国との交流を制限することで、熾烈な植民地獲得競争に乗り出していた欧米諸国との間に、距離がおかれていたからだ。

しかし十九世紀前半、「泰平の眠り」の時代に、揺らぎが生じ始める。このころ、日本近海に外国の船が頻繁に姿を見せるようになっていた。

長州藩・萩《はぎ》に吉田松陰が生を受けたのは、まさにそんな時代のことであった。

外国勢力の接近

外国船が日本近海に出没するようになっていた背景には、十八世紀後半にイギリスで起こった産業革命がある。欧米諸国では工業生産が盛んになり、さらに軍事力も近代化したため、市場を求め、また原料を安く手に入れるために、アジアへの進出が活発化したのである。巨大蒸気船・黒船はまさに、産業革命の産物だった。

文化《ぶんか》元（一八〇四）年には、ロシア使節レザノフ（＊C）が長崎に来航し、通商と外交を求めた。幕府は、鎖国は「祖法《そほう》（＊D）」だとしてロシア側の要求をはねのけた。そのため、樺太《からふと》や択捉島《えとろふとう》を攻撃されてしまう。四年後の文化五（一八〇八）年にはイギリス軍艦フェートン号が長崎に侵入してオランダ商館員を人質にとり、燃料と水、食料を要求。要求を受け入れなければ港内の船を焼き払うと脅すフェートン号事件も起こっている。

幕府の対応

もっとも幕府も、外国の脅威に対して、ただ手をこまぬいていたわけではない。江戸湾の防衛や、全国に台場《だいば》（＊E）の設置を命じたりする一方で、外国船には燃料や食糧を支給して帰国させるなど、外国船と日本国民の衝突を避けるための姿勢をとり続けていた。

しかし、とうとう文政《ぶんせい》八（一八二五）年、外国船を撃退するという強攻策に転じる。異国船打払令《いこくせんうちはらいれい》の発令である。

天保《てんぽう》八（一八三七）年、日本人漂流民を帰国させ、日本に通商を要求しようとしたアメリカの商船モリソン号が、浦賀と薩摩《さつま》で砲撃される。この対応を批判した開国論者・渡辺崋山《わたなべかざん》（＊F）や高野長英《たかのちょうえい》（＊G）は、二年後に幕府から処罰されてしまう。蛮社《ばんしゃ》の獄《ごく》とよばれるこの事件は、幕府の外交政策が揺らいでいることを象徴するできごとであった。

幼少時代の吉田松陰

異国船打払令が発令されてから五年後の天保元（一八三〇）年、吉田松陰は、長州藩士・杉百合之助《すぎゆりのすけ》の次男として生まれた。本名を矩方《のりかた》という。幼名は虎之助《とらのすけ》と名づけられ、のちに寅次郎《とらじろう》などと改めた。杉家は貧しい武士の家で、農業中心の生活を送っていたが、学問を愛する家であった。松陰は幼少のころから二歳上の兄・梅太郎《うめたろう》とともに、百合之助に田畑に連れられて、農作業のかたわら様々な書物を教わった。

松陰が吉田家の仮養子となり、翌年家督を継ぐと、叔父の玉木文之進《たまきぶんのしん》（*H）によるスパルタ教育が始まった。吉田家当主として、藩校・明倫館で山鹿流兵学の師範となるためである。彼の教育は、松陰の覚えが悪かったり、姿勢が悪かったりすると、殴ったり、庭先へ放り投げたりと、想像を絶する激しいものであった。松陰の母である滝《たき》は、その光景を見ることに耐えられず、どうして松陰は逃げないのかと気が気でなかった。のちに松陰自身も、「玉木の叔父に叱られたときほど怖いことはなかった」と語っているほどである。

昼間は実父に農作業のかたわらで学び、家では叔父のスパルタ教育を受ける。松陰はそのような環境で育ち、勉学に励んだ。

早くから頭角を現した松陰であったが、自分がたどることになる数奇な運命など、このころは知る由もなかった。

揺らぐ鎖国

天保十三（一八四二）年、江戸幕府は、従来の方針を変更し、外交政策の舵を、「強硬」から「軟化」へ、大きく切った。異国船打払令を緩和し、外国船に燃料や食糧を供給するという薪水給与令《しんすいきゅうよれい》を出したのである。

きっかけは、アヘン戦争だ。「清、敗れる」の報は、幕府に衝撃をもたらした。もし日本に接近してきたイギリスの艦隊を砲撃したら、どうなるか――欧米列強の脅威は、幕府の政策を転換させるのに十分だった。

薪水給与令を出した二年後、オランダ国王からの親書が幕府に届けられる。その親書では、世界情勢を鑑《かんが》みると、これ以上鎖国を続けるのは難しい、開国をして通商を開くべきだとの勧告がなされていた。しかし、老中首座《ろうじゅうしゅざ》・阿部正弘《あべまさひろ》（*I）を中心とする幕府は、あくまでも鎖国体制を維持しようと、これを拒絶する。

さらに二年後の弘化三（一八四六）年、浦賀にビッドル（*J）を司令長官とする二隻のアメリカ軍艦が現れる。ビッドルは、アヘン戦争後の清と条約を結んだ帰路、日本に立ち寄り、通商を要求してきたのである。外国との玄関口である長崎《ながさき》ではなく、江戸湾の入り口である浦賀に、それも大砲を積んだ軍艦が現れたという報告は、幕府を慌てさせた。幕府が通商を拒否すると、帰国を急いでいたビッドルは、そのままアメリカへと帰っていく。

海外情勢の変化や、幾度となく繰り返される諸外国との接触に、日本国内では危機感が募っていった。異国船打払令を再発すべきなのか、海防を整えるべきなのか、その費用はどのように調達するのか、あるいは、祖法とされてきた鎖国を放棄するのか――二〇〇年にわたって維持されてきた江戸幕府の鎖国体制は、大きく揺らぎ始めていた。

＊A 上喜撰
黒船を指す「蒸気船」との言葉遊びになっている。「上喜撰」は高級な茶の銘柄。高級茶の眠気覚ましの効果を、黒船（蒸気船）来航の衝撃に掛けている。

＊B フィルモア
一八〇〇～一八七四　アメリカ合衆国第十三代大統領。一八五二年にペリー艦隊を日本に派遣。二年後の一八五四年には日米和親条約を締結し、日本の開国に成功。

＊C レザノフ
一七六四～一八〇七　ロシアの外交官。樺太・択捉攻撃の帰途、シベリアで没した。

＊D 祖法
祖先伝来の法。鎖国は十七世紀中ごろ、三代将軍・家光のころに確立。

＊E 台場
砲台のこと。現在の東京都港区台場の地名の由来となっている。

＊F 渡辺崋山
一七九三～一八四一　江戸時代後期の三河田原藩士。画家、思想家などとして活躍。海防問題や世界情勢に明るく、『慎機論《しんきろん》』『西洋事情書』などを著す。

＊G 高野長英
一八〇四～一八五〇　江戸時代後期の蘭学者。医学などを修める。蛮社の獄で逮捕されたあと脱獄。潜伏先で見つかり、自殺した。

＊H 玉木文之進
一八一〇～一八七六　長州藩士。松陰の実父・百合之助と養父・大助の弟。

＊I 阿部正弘
一八一九～一八五七　備後福山藩主。開国前後の約十五年間、老中首座を務めるなどして幕政指導の中心にあった。

＊J ビッドル
一七八三～一八四八　アメリカの海軍軍人。

4 平和な時代こそ、新しいものを取り入れることが大切。

太平久しく候《そうろ》へば、物事繁文《はんぶん》に赴《おもむ》き先例旧格《きゅうかく》に泥《なず》み、却《かえ》って実事《じつじ》に疎《うと》く相成り候て翻意を失ひ候事之《これ》れあるべく候へば、上覧・御参堂《ごさんどう》等諸事簡易を宗とし、時措《じそ》の宜《ぎ》に随《したが》ふ事干要《かんよう》に存じ奉《たてまつ》り候。但《ただ》し簡易と申し候ても太古の無為《むい》等《など》と申す訳にては全く之れなく、只《ただ》虚文を殺《そ》ぎて実事に帰するのみに御座候。

（明倫館御再興《ごさいこう》に付き気附書《きふしょ》　嘉永《かえい》元年）

■現代訳■　平和な時代が続くと、世の中は、新しいものを取り入れていく精神が希薄になる。「先例がない」という理由で、大切かそうでないかの判断が行われにくく、ルールが複雑になって、細かい方、細かい方に流れていく。簡潔をこそ心掛けるべきだが、上辺だけのことではなく、実践的な教育が大切だ。

明倫館の独立師範に

江戸時代の半ばになると、各藩は独自に、藩士の若者を教育するための学校・藩校を営むようになった。生徒は一人前の武士となるために、儒学や武術、兵学などを学んだ。長州藩の明倫館もその一つである。

松陰は八歳から、家学《かがく》教授見習として明倫館に出勤していた。まだ講義をできるわけもなく、吉田家当主として名義を貸していただけで、実際の講義は代理教授が行っていた。九歳になると代理教授が解かれたが、やはり講義を行ったのは、後見人たちであった。

松陰が山鹿《やまが》流兵学の独立師範となり、一人の講師として明倫館の教壇に立ったのは、嘉永元（一八四八）年、十八歳のとき。松陰はその年、藩主・毛利敬親《たかちか》（*1）に対して、『明倫館御再興に付き気附書』と題された意見書を提出している。松陰にとっては初めての藩主への意見書だ。時代背景を考慮しながら、あるべき教育の姿をよどみなく主張する様子からは、教育者として新しいステージに立った高揚感が伝わってくる。

5 生き生きした心を持つ人は、感動をきっかけにチャンスがめぐってくる。

心はもと活《い》きたり、活きたるものには必ず機あり、機なるものは触《しょく》に従《したが》ひて発し、感に遇《あ》ひて動く。（西遊《さいゆう》日記　嘉永三年）

■現代訳■　生き生きした心を持っている人は、必ずそれを生かす機会がある。それは何かに触発されたことをきっかけに生じ、感動することによって動き始めるものだ。

九州遊学へ

嘉永三（一八五〇）年、松陰は長州を出て九州へと向かった。初めての藩外遊学（＊2）である。旅の記録『西遊日記』の序文に記されたこの言葉からも読み取れるが、松陰は興奮していた。旅のペースを上げすぎて熱を出し、途中で寝込んでしまったほどである。

長崎では、出島のオランダ商館やオランダ船の大砲・積荷を見学したり、酒や洋菓子を食べたりと、当時としては珍しい体験をしている。

長崎から平戸に渡った松陰は、肥前平戸《ひぜんひらど》藩家老の葉山佐内《はやまさない》（＊3）、山鹿流兵学の宗家・山鹿万介《まんすけ》のもとで学んだ。平戸と長崎に滞在中、アヘン戦争や海防、海外事情などに関する書物を合わせて一〇〇冊以上読み漁《あさ》った。

藩外では、目にするものすべてが新鮮だったようだ。農具や食べ物の形が違うことに驚いたり、その土地に住む人を観察したりと、松陰は様々なものに興味を持ち、心を動かされ、記録をつけている。松陰の心が生き生きと動かされたのは、旅がきっかけだったのである。

6 「できない」は、「やらない」だけである。

何事もならぬといふはなきものを
ならぬといふはなさぬなりけり。（杉百合之助、玉木文之進への手紙　嘉永四年）

■現代訳■　何事でも、「できない」ということはないのである。「できない」ということは、「やらない」だけである。

生涯の師と出会う

嘉永四（一八五一）年四月、九州遊学から戻って半年もたたないうちに、松陰は江戸への遊学を果たした。藩の公費留学生として、藩主の参勤交代《さんきんこうたい》に伴って江戸へと赴いたのである。江戸にたどり着いた松陰は、安積艮斎《あさかごんさい》（＊4）、古賀茶渓《こがさけい》（＊5）、山鹿素水《そすい》（＊6）らに次々学んだ。中でも強烈だったのは、佐久間象山《さくましょうざん》（＊7）との出会いだ。のちの松陰に大きな影響を与えることになる人物だ。松陰が象山を初めて訪ねたとき、象山は怒った。松陰が平服だったからだ。象山は松陰に「学問をしに来たのか、言葉を学びに来たのか。学問をしに来たのであれば、弟子の礼をとって来い」と告げた。松陰はすぐに礼服に着替えて出直した。

勉学のためによりよい師を求めるのであれば、藩内にとどまる必要はない。よい師がいないのであれば、探せばよい。実際に自分の目で確かめたいのであれば、「できない」と言う前に、行動すればよい――江戸から長州の父と叔父・玉木文之進に宛てた手紙に記された言葉である。

第一章

＊1 **毛利敬親**
一八一九〜一八七一　長州藩十三代藩主。村田清風を登用し藩政改革を行う。松陰の死後には藩の方針を尊王攘夷に転換。

＊2 **藩外遊学**
この九州遊学は、松陰から希望を申し出たもので、公費遊学ではなく自費遊学である。

＊3 **葉山佐内（葉山高行）**
一七九六〜一八六四　肥前平戸藩士。

＊4 **安積艮斎**
七九一〜一八六一　儒学者。昌平坂学問所教授。後にペリーの持参した国書の翻訳に従事する

＊5 **古賀茶渓**
一八一六〜一八八四　儒学者。幕府の儒官として、阿部正弘の安政の改革を支える。洋学の研究にも熱心であった。

＊6 **山鹿素水**
一七九六〜一八五七　兵学者。山鹿流兵学の宗家当主。

＊7 **佐久間象山**
一八一一〜一八六四　信濃松代《まつしろ》藩士。思想家。海防や西洋兵学に明るく、西洋技術の導入を唱える。

◆揺れる日本国内と雄藩《ゆうはん》の改革

十九世紀前半、外国の脅威にさらされて鎖国体制が揺らぎ始める一方で、日本国内でも問題が起こっていた。政治的にも財政的にも、危機を迎える藩が多くなっていたのである。

さらに、天保三（一八三二）年ごろからの凶作により飢饉《ききん》が発生し、農村でも都市部でも、餓死者があふれる事態となった。しかし、幕府も多くの大名も、適切な対策がとれないでいた。そのため、日本全国で百姓一揆《いっき》や打ちこわしが頻発するようになっていたのである。

外国の脅威と国内の混乱という内憂外患《ないゆうがいかん》に対して、幕府は天保十二（一八四一）年、老中首座・水野忠邦《みずのただくに》（＊A）を中心に、天保の改革（＊B）を開始。幕府権力の強化を図ろうとした。しかし、取り締まりは厳しくなる一方で目立った効果はあらわれず、民衆の不満がたまっていくことになる。

天保の改革は、幕府の権威失墜だけを示し、わずか二年で失敗に終わった。

雄藩の台頭

幕府が迷走を続ける一方、財政を再建するとともに権力の強化を目指した改革が、主に西日本の諸藩で始まっていた。

改革に成功した薩長土肥《さっちょうどひ》（薩摩《さつま》、長州、土佐《とさ》、肥前《ひぜん》）などの諸藩は、社会の変化に対応し、軍事力の近代化に取り組んだ。これらの藩は雄藩とよばれ、しだいに幕政に対する発言力を持つようになり、やがて幕末の主役に躍り出ることになる。

薩摩藩は、一八二〇年代には五〇〇万両という巨額の負債を抱えていた。そこで、前藩主・島津重豪《しまづしげひで》から全権を委任された、下級武士出身の調所広郷《ずしょひろさと》（＊C）が財政再建に乗り出し、財政再建を成功させた。

肥前藩では、「算盤《そろばん》大名」ともよばれた藩主・鍋島直正《なべしまなおまさ》（＊D）が中心となって、債務の圧縮、経費の削減などに取り組み、藩の財政再建を図った。また、医学をはじめとする蘭学《らんがく》を積極的に導入し、種痘《しゅとう》を実施して天然痘の対策を行ったり、反射炉《はんしゃろ》（＊E）を築造して西洋式大砲を建造したりと、先進的な取り組みを数多く行ったのである。

長州藩で藩政改革に取り組んだのは、藩主・毛利敬親《たかちか》に登用された村田清風《むらたせいふう》（＊F）である。

村田は、特産物である蝋《ろう》を専売制にするとともに、越荷方《こしにかた》（＊G）という役所を下関《しものせき》に設置し、他国の廻船相手に金融業を行ったり、積荷を買い取って委託販売を行ったりすることで収益をあげていく。さらに、借金の踏み倒しともいえる荒療治を敢行することで、財政の立て直しに成功する。

しかし、結果としては荒療治の反動が、村田を追い込むこととなる。借金の踏み倒しに対して、債権者である商人らから批判が噴出し、村田は弘化元（一八四四）年、退陣に追い込まれたのであった。

松陰、江戸に立つ

嘉永四（一八五一）年三月、すでに藩政の表舞台から退いていた村田清風のもとに、一通の手紙が届く。過日、村田から受けたこまごまとした指導に対する丁重な謝辞が述べられたその手紙は、程なく長州から江戸へ発つ旨の暇乞《いとまご》いと、村田の健康を気遣う言葉で締められている。差出人は、藩主の参勤交代に伴っての江戸行きを直前に控えた、吉田松陰である。

明倫館の独立師範として働きながら、このころ、松陰の目は藩の外に向けられていく。前年には九州へ遊学。萩に戻ってから程なくしての、江戸遊学である。藩の外に関心を持ったのは、教師として兵学を教える中で自身の未熟さを感じ、よりよい師のもとで勉学に励もうと考えたこと、学問上の知識だけではなく、自らの目と耳で経験を積みたかったことなど、様々な理由があった。

松陰は江戸でも、精力的に活動する。佐久間象山をはじめとする多くの学者に師事した。また、九州遊学中に知り合い、意気投合した肥後熊本藩士・宮部鼎蔵《みやべていぞう》（＊H）

とともに、横須賀《よこすか》、猿島《さるしま》、浦賀《うらが》、さらに房総《ぼうそう》半島へとわたり、海防の様子を約十日かけて見て回った。

江戸幕府が内外の問題に頭を抱えるなか、青年時代の松陰は、自身の世界を広げていったのである。

＊A **水野忠邦**
一七九四～一八五一　肥前唐津藩主のち遠江浜松藩主。幕府の要職を歴任。

＊B **天保の改革**
天保年間(一八三〇～一八四四)に老中首座・水野忠邦を中心に進められた幕政の改革。

＊C **調所広郷**
一七七六～一八四八　薩摩藩家老。城下で最下級の役職から島津重豪に抜擢され、重豪の孫・斉興《なりおき》のもとで藩の財政改革に乗り出す。しかし斉興の跡を継いだ斉彬《なりあきら》と対立し、失脚後、自殺。

＊D **鍋島直正**
一八一四～一八七一　肥前藩主。閑叟《かんそう》と号する。質素倹約に励む様子とすぐれた財政手腕を指して、商人たちから「算盤大名」とよばれた。

＊E **反射炉**
炎の熱を使って金属を溶かす炉。肥前藩でつくられたものが、日本初の反射炉である。

＊F **村田清風**
一七八三～一八五五　長州藩士。毛利敬親に抜擢され、藩政改革に取り組む。赤字財政の解消や貧困農民の救済などを行う。藩政から退いたのちは、郷里で子弟の教育に当たり、松陰も指導を受けた。

＊G **越荷方**
長州藩内の瀬戸内海沿岸の港に設置された役所。廻船の積み荷を預かる倉庫業や、積み荷を担保とする金融業を行い、利益をあげた。

＊H **宮部鼎蔵**
一八二〇～一八六四　肥後熊本藩士。九州遊学以来の松陰の友人。のちに池田屋事件で自害。

7 高い志を持つことが、「究める」ことを可能にする。

志荘《そう》ならば安くんぞ往くとして学を成すべからざらんや。（東北遊日記　嘉永四年）

■現代訳■　志を高く、しっかり持っていれば、自分が目指している学問を究めることができるはずだ。

志ゆえの脱藩

江戸に遊学中の松陰は、宮部鼎蔵《ていぞう》や江幡五郎《えばたごろう》（＊1）とともに東北への遊学を計画していた。出立日は嘉永四（一八五一）年十二月十五日。赤穂浪士《あこうろうし》（＊2）が仇討ちを果たし、主君である浅野内匠頭《あさのたくみのかみ》の墓前に報告をした日である。

しかし、問題が起きた。長州藩から関所手形が発行されなかったのである。江幡の仇討ちに、松陰が巻き込まれるのを藩が恐れたためともいわれている。友との約束を守るのか、藩命に従うのか。一刻も早く勉学に打ち込みたいという想い、長州の武士が他藩の武士との約束を破ってよいのか――悩んだ末、松陰は一つの結論を出した。

高い志を掲げていれば、どのような道を進もうとも、必ず学問を究めることができる。いまは藩命に背くことになるかもしれない。しかし、後に大功を立てて必ず報いてみせる――東北旅行記である『東北遊日記』に記されたこの言葉からは、そのような決意が伝わってくる。

松陰は、脱藩した。二十一歳のときのことであった。

8 日本に生まれた以上、日本のことを知らなければ、生きている意味などない。

身《み》皇国《こうこく》に生まれて、皇国の皇国たるを知らずんば、何を以《もっ》て天地に立たん。(睡余事録《すいよじろく》　嘉永五年)

■現代訳■　私は、この日本に生まれて、この国のこの国たるゆえんを知らなければ、この天地に生きている意味がない。

日本を知る

「日本のことをあまり知らないようですな」――江戸遊学中に他藩の者に指摘され、松陰は恥辱に震えた。中国史についてはよく知っている。しかし、日本史についてはその指摘どおり、よく知らなかったのである。

東北への道中、松陰は水戸《みと》に立ち寄り、会沢正志斎《あいざわせいしさい》（＊3）のもとで、水戸学（＊4）を学ぶ者たちと議論をした。そこでも改めて痛感した。日本史の知識が圧倒的に足りない、と。

東北から戻り、長州の実家での謹慎を命じられた松陰は、『日本書紀』などの神話から、『令義解《りょうのぎげ》』のような法律まで、大量の文献を読み込んだ。

日本という国の行く末を論じるのに、日本のことを知らない。自分の生まれ育った国のことを、よく知らない。志を立てて、日本のために行動しようとしても、その日本の歴史すら知らない。これでは、いったい何のための志であろうか。どうして日本人として生きていけるだろうか。

松陰は勉強した。自分の拠って立つところを、明らかにするために。

9 心ははやり、飛ぶかのようだ！

浦賀《うらが》へ異船来たりたる由《よし》につき、私ただ今より夜船にてまいり申し候《そうろう》。海陸ともに路留めにも相なるべくやの風聞《ふうぶん》にて、心ははなはだ急ぎ飛ぶが如《ごと》し、飛ぶが如し。（瀬能吉次郎《せのうきちじろう》への手紙　嘉永六年）

■現代訳■　浦賀に異国の船が来たとのことなので、私はいまから夜船に乗って見に行ってきます。海も陸も足止めされるようなにぎわいぶりで、私の心ははやり、飛ぶかのようです。飛ぶかのようです！

黒船に心沸き立つ

嘉永六（一八五三）年六月、長州での謹慎が解け、再び江戸に上った松陰を待ち受けていたかのように、天地を揺るがす大事件が起こる。

黒船来たる――松陰は、その知らせを受けて相模国浦賀へと急いだ（＊5）。そこで何が起こるのかを、自分の目で確かめなければならないと考えたからである。父の友人である瀬能吉次郎（＊6）に宛てた手紙は、数多《あまた》ある松陰の書簡の中でも特に短いもので、はやる気持ちが伝わってくる。

時代が動く瞬間がある。ほとんどの場合、それは後になってからでないとわからない。しかし、現状を正確に分析し、この先何が起こるのかを予測していれば、その瞬間に立ち会い肌で感じることもできる。

その知らせは、少年のころから諸外国の脅威を感じ、アヘン戦争の詳細を調べ、九州・東北を旅し、江戸湾の海防を実際に自分の目で確かめた松陰に、日本を揺るがす大事件の幕開けを予感させた。心が沸き立つ。一刻も早く、浦賀へ。まさに、飛ぶが如し――。

10 「誠」とは何か。「実行」「専念」「継続」である。

誠の一字、中庸《ちゅうよう》尤《もっと》も明らかに之《こ》れを洗発《せんぱつ》す。謹《つつし》んで其《そ》の説を考ふるに、三大義あり。一に曰《いわ》く実なり。二に曰く一なり。三に曰く久なり。（将及私言《しょうきゅうしげん》　嘉永六年）

■現代訳■「誠」とは何か、儒教書の「中庸」の中で明らかにされている。それについて考えると、「誠」を実現するためには三つの大切なことがある。「実行」「専念」「継続」である。

上書の提出

四隻の黒船を率いてきたペリーは、フィルモア大統領の国書（*7）を渡して浦賀を去った。国書の返事を聞くために、翌年の春、再び日本を訪れるという。

自分にできることは何だろうか。やらなければならないことは何だろうか。悩んだ末、松陰は、長州藩主・毛利敬親に意見書を提出する。

その意見書『将及私言』では、日本は幕府のものではなく、天皇を掲げる国民のものであるという大義を明らかにすること、そして、日本のどこであろうと、諸外国から侵略されたのなら、幕府や藩に関係なく、国民が一体となって戦うことなどが主張されていた。

しかし、松陰は士籍削除された身である。意見書は長州藩邸の役人の好意により、藩主に匿名の形で届いたが、松陰の度を越した行為を非難する者も多かった。松陰自身も、分をわきまえない行いであることはわかっていた。「意見書を提出するときは死を覚悟していた」と、兄への手紙に書いている。それでも、居ても立ってもいられなかったのである。

＊1　江幡五郎
一八二七〜一八七九　南部藩（現在の岩手県）出身。のちの儒学者・那珂道高。江幡が東北へ向かった真の目的は、兄の仇討ちであった。しかしこの仇討ちは、機会を探っているうちに仇が病死してしまったため、失敗に終わった。

＊2　赤穂浪士
元禄十五（一七〇二）年、主君である赤穂藩主・浅野内匠頭長矩の仇である吉良義央を討った、旧赤穂藩士四七名を指す。この事件は、「忠臣蔵」として有名。

＊3　会沢正志斎
一七八二〜一八六三　水戸藩の儒学者。『新論』で尊王攘夷論を唱えたが、幕政改革につながる危険があるとされ、公《おおやけ》には刊行されなかった。松陰は九州滞在中に、『新論』を読んでいる。

＊4　水戸学
尊王論を掲げる、水戸藩を中心に興った学問。水戸学は徳川光圀の指示のもとで『大日本史』の編纂を中心に尊王論を展開した、朱子学の影響の強い前期水戸学と、徳川斉昭を中心に尊王攘夷論を展開した後期水戸学とに分かれる。

＊5　浦賀へと急いだ
松陰は舟で隅田川を下り、直接浦賀（神奈川県横須賀市）まで行こうとしたが、風がなく、出発できたのが午前四時、ようやく品川に着いたのが午前十時だった。仕方なく松陰は品川で降りて、徒歩と舟を駆使し、浦賀に着いたのは丸一日たった翌日の夜十時であった。

＊6　瀬能吉次郎
一八〇七〜一八七〇　長州藩士で松陰の実父・杉百合之助の友人。嘉永六年、瀬能家が移転したため、杉家は瀬能の住まいを借りていた。

＊7　国書
フィルモア大統領は国書の中で、日本に対して通商の開始と物資の提供を求めている。

◆歴史の岐路に立つ松陰

江戸へ出てきて三ヶ月。松陰の気持ちは、揺れ動いていた。江戸で他藩の武士たちと接する中で、彼らに比べ、自分の学問は劣っているのではないか、と。

松陰は決意した。よりよい師のもとで学ぼう、と。行き先は東北。ロシアの脅威が迫り来る中で、東北の海防はどうなっているのかを自分の目で確かめたいという考えもあったからである。これには、親友の宮部鼎蔵と、江戸湾の海防を現地調査したことが影響している。江戸湾の海防は、話に聞くのと実際に見るのではまったく違っていたのである。

こうして松陰は、藩命に背き、脱藩して、宮部や江幡五郎とともに東北へと向かった。

松陰と号する

松陰と宮部は、途中で江幡と別れ、東北各地の史跡や学者をめぐり、勉学に励みながら旅を続けた。

江戸に戻ってきたのは四月。松陰は友人たちの説得もあって、長州藩邸に自首をする。そこで萩への帰還命令が出され、正式な処分が下りるまで、実家での謹慎を命じられた。謹慎の身となった松陰は、自身の母国の歴史に関する知識のなさを痛感していたので、猛勉強を開始する。松陰という号を名乗るようになったのは、このころである。

十二月、松陰に対する正式な処分が下った。吉田家断絶、士籍削除である。松陰は生家である杉家の人になったが、吉田姓を名乗り続けた。

翌年の嘉永六（一八五三）年、年明け早々、松陰に十年間の他国修行が許された。父・百合之助が許可を求めたことや、藩主・毛利敬親が、幼少のころから松陰に目をかけていたことなどが理由だとされている。

他国修行を許された松陰は、大阪などに立ち寄って学びながら、再び江戸を目指した。そして、江戸に着いてから間もない六月四日。時代が、動いた。

黒船来航

その日、松陰は江戸の長州藩邸を訪ねていた。そこで黒船来航の報を耳にする。佐久間象山らはすでに浦賀へ向かっていたので、松陰も後を追った。松陰が浦賀へとたどり着いたのは、翌五日の夜。ようやく海岸から黒船を見ることができたのは、さらに翌日の六日早朝である。

艦隊の司令長官ペリーは、長崎に回るようにとの幕府の命令を無視し、浦賀での国書の受け渡しを要求した。強硬姿勢をとるアメリカ艦隊を目の前にして、松陰と合流した象山は憤っていた。こうなることはわかっていた。幕府に意見を伝えても取り合ってもらえなかった、あとは陸戦に持ち込み、白兵戦《はくへい》（＊A）で決着をつけるしかない、と。

「飛ぶが如く」、はやる心で浦賀にたどり着いた松陰の興奮は、失望に変わる。江戸湾の海防は以前と同じ脆弱《ぜいじゃく》なまま。泰平に慣れきった武士は狼狽《ろうばい》するばかり。幕府の対応は、腰抜けとしか言いようがない。

ペリーは軍事力で圧力をかけ、要求を貫き通してきた。浦賀奉行の制止を振り切って江戸湾内に測量船を派遣し、その測量船を、大砲を積んだ軍艦が護衛する。蒸気船であれば、湾の奥まで入り込むことができる。そこから大砲で砲撃されれば、江戸全域が火の海になるかもしれない。

幕府内には、反撃論も存在した。しかし、ここでもアヘン戦争で清が敗れたという事実が、影を落としていた。もはや、幕府はペリーの要求を飲まざるを得なかった。

六月九日、戦争を回避するため、幕府は浦賀の隣、久里浜《くりはま》でアメリカ大統領の国書を受け取った。群衆とともに、松陰はその光景を見つめた。日本が、武力に屈した瞬間を、激しい怒りとともに。松陰は、煮えたぎる腹の内を宮部鼎蔵宛ての書簡にしたためたが、数日で冷静さを取り戻す。当時の日本とアメリカでは、戦う前から勝敗はわかりきっていた。

安政の改革と幕府の方針転換

ペリーは、翌年の春に再度訪れることを告げて日本を去った。再訪予告を受けて、老中首座・阿部正弘による安政《あんせい》の改革が始まる。阿部は海防を充実させるために、江戸湾に台場を建設し、大船建造（＊B）の禁を解き、さらには前水戸藩主、徳川斉昭《とくがわなりあき》（＊C）を起用するなど、人材の登用を進めた。

阿部は、従来とはまったく違った方針を打ち出す。今回の事態を朝廷に報告するとともに、諸大名や旗本《はたもと》（＊D）から意見を募ったのである。これに対して、戦争は避けるべきだが通商は拒否すべきだ、戦争になってでも通商を拒否すべきだ、この際開国すべきだなど、様々な意見が届いた。

一方、江戸に戻った松陰は象山のもとで、これまで以上に西洋兵学の勉強に打ち込んだ。しかし、勉学に励めば励むほど、日本に勝ち目がないことを思い知る。そこで、松陰と象山らは、これまでの攘夷《じょうい》（＊E）の立場から、一歩進むことにした。

プチャーチン来航

ペリー来航からおよそ一ヶ月後、またもや外国の軍艦が日本の長崎に現れた。ロシアの使節、プチャーチン（＊F）である。

プチャーチン来航の報を受けて、松陰は長崎に向かった。ロシア艦隊に乗り込み、ロシアに向かう——密航を計画していたのである。

象山はもともと、優秀な若者を海外に留学させるべきだと主張していたが、幕府には受け入れられなかった。そこで、象山の門下生を代表し、松陰が密航を企てたのである。今の日本の国力では、アメリカには太刀打ちできない。だからこそ、海外に留学して西洋の技術を学び、国力を増強して、日本の独立を守るべきである。それが、象山と松陰らの考えだった。

本来であれば、鎖国体制下で海外密航を企てるのは死罪に値する。しかし、漂流民としてアメリカに保護され、十年ぶりに帰国したジョン万次郎《まんじろう》（＊G）は、この国難にあって、その知識と経験から幕府に取り立てられている。それならば、漂流民を装って海外に密航すればよいのではないか。こうして松陰は、密航を決意して長崎へと向かったのである。

しかし、松陰が長崎にたどり着く前に、プチャーチンは長崎を出航してしまった。松陰のロシアへの密航計画は、失敗に終わったのである。

幕府の権威の失墜

武力を背景に開国を迫られるという国家を揺るがす一大事に対して、幕府は朝廷や諸大名との連携を図り、挙国一致《きょこくいっち》体制で臨もうとした。しかしこれは、幕府が単独で問題を解決する能力がないことを示すようなものだった。

これまでは幕府に対して意見を述べることはご法度であったが、諸大名や旗本、さらには庶民まで、誰でも幕府に意見を言えるという前例ができあがってしまった。こうして、幕府について、政治について、日本という国のあり方について、自由に発言する者が増え、尊王《そんのう》攘夷や倒幕、そして、明治維新へと続く激動期の土壌ができあがっていくのである。

＊A　**白兵戦**
兵士同士が肉薄し、刀や槍などを直接交えて戦うこと。

＊B　**大船建造の禁**
江戸幕府が大名に対して出した、巨大船の建造禁止令。三代将軍・家光が武家諸法度で「五百石以上之船停止之事」と定めたことに始まる。

＊C　**徳川斉昭**
一八〇〇～一八六〇　水戸藩第九代藩主。藩主引退後、阿部の推挙で海防参与として幕政に参加。阿部の死後、将軍継嗣問題などで井伊直弼と対立し、失脚。一橋家へ養子に出た子の慶喜は、のちに十五代将軍となる。

＊D　**旗本**
江戸幕府の将軍直属の家臣で、将軍に直接会うことができる者。会うことができない者は、「御家人」とよばれた。

＊E　**攘夷**
外国人を打ち払うという意味で、当時、日本に接近してきた外国に対する強硬な姿勢を指す言葉。幕末には、天皇を重視する尊王論と結び付き、尊王攘夷論が盛んになった。

＊F　**プチャーチン**
一八〇四～一八八三　ロシア海軍提督。

＊G　**ジョン万次郎**
一八二七～一八九八　本名は中浜万次郎。土佐国（高知県）中浜出身。漁をしている最中に流され、アメリカの捕鯨船に救助される。そのままアメリカに渡って教育を受け、帰国。通訳や英語教師として、幕府・薩摩藩などに仕えた。

第二章　狂気

吉田松陰　二十四～二十七歳の言葉

11

人の生きざまを知るには、まず、その土地・風土に目を向けるべきだ。

地を離れて人なく、人を離れて事なし、故に人事を論ぜんと欲せば、先《ま》ず地理を観よ。（幽囚録附録《ゆうしゅうろくふろく》　安政《あんせい》元年）

■現代訳■　土地を離れては、人々の生活に触れることはなく、人々と離れたところでは、何も起こらない。だから、人々の生きざまなどを論じようとすれば、まずその土地・風土といったものに目を向けるべきだ。

日本中を旅する

松陰は、実践の人であった。机上《きじょう》の学問に終始することを好まなかった。のちに松下村塾《しょうかそんじゅく》で塾生に、学問を志しても学者になってはいけない、実行が第一だと指導したほどである。

松陰が専門にしていた兵学は、戦場で初めて役に立つものである。知識を増やし、理論を学ぶだけで足りるものではない。ましてや、山鹿《やまが》流兵学は、開祖の山鹿素行《やまがそこう》が実践的な学問を提唱したことから始まっている。松陰が実践的な学問に傾倒するのも当然であった。

松陰は、南は熊本から北は青森まで、日本中を旅した（＊1）。実際に現地を見て、その土地の人に話を聞き、経験を蓄えた。

のちの松下村塾の授業で、松陰は地図を活用した。歴史の授業をする際は、地図を広げながら講義をした。兵学の授業をする際は、地図で戦場の地形を示しながら、戦の成り行きを具体的に説明した。地理を見ることは、学問を実践するうえで不可欠なのである。

12 法律を破ってでも、世界を見たい。

我等《われら》両人、世界見物いたしたく候《そうろう》あいだ。その御船へ内密に乗り込ませくれられよ。尤《もっと》も、異国へ渡ることは日本の大禁につき、このことを日本の役人たちへ御話なされ候ては甚《はなは》だ当惑つかまつり候。（アメリカ船乗船の嘆願書　安政元年）

現代訳　我々は、世界を見たいと望む者です。どうか、そちらの船に我々を乗せてください。しかし、外国への渡航は、日本では固く禁じられています。もし、あなたたちが日本の役人に連絡したら、とても深刻な問題となるでしょう。

黒船で密航を企てる

安政元（一八五四）年、黒船再来――松陰は、驚くべき行動に出る。黒船に乗り込んで、海外へ密航をしようとしたのだ。

松陰は、ペリー艦隊が伊豆国下田に停泊中、港を歩いていた船員に、そっとこの嘆願書を手渡したのだという。深夜、弟子の金子重之助《かねこしげのすけ》（＊2）とともに首尾よく船に乗り込んだ松陰。しかし、返ってきた返答は、「乗船の許可はできない」。日本とアメリカは、条約締結直後という非常に繊細な状況にあったこともあり、慎重にならざるを得なかったのだろう。

しかし、松陰たちの行動はアメリカ人たちの印象にも強く残ったようだ。ペリーの遠征記には、鎖国を破り、死罪の危険を冒してでも海外で学ぼうとする知識欲を褒め称える記述が見られる。

この嘆願書の原本が、アメリカのイェール大学で平成十四（二〇〇二）年に発見されている。松陰がのちにこの一件を振り返り獄中で記した『回顧録《かいころく》』にも、同様の記述が見られる。

13

虎の猛々しさを身に付けなければ、武士になることはできない。

吾《わ》が名は寅《とら》、寅は虎に属す。虎の徳は猛なり。吾れ卑微《ひび》にして孱弱《せんじゃく》、虎の猛を以《もっ》て師と為すに非《あら》ずんば、安《いず》くんぞ士たることを得ん。（幽囚録附録　安政元年）

現代訳　私の名は「寅（次郎）」だ。寅は虎である。虎の性質、それは猛々しいことである。私の身分は低く、体も弱い。だから、虎の猛々しさにあやかろうとしなければ、武士となることができるだろうか。いや、できはしない。

二十一回猛士と号する

安政元（一八五四）年、松陰は海外留学を企てて、再び来航したペリーの艦隊に潜入した罪で、長州藩萩城下の野山獄《のやまごく》（＊3）に繋がれた。

獄中で松陰は、「二十一回猛士《もうし》」という号を名乗るようになる。その理由について、『幽囚録附録』で次のように続ける。

旧姓の杉という漢字を分解すると、十と八と三で、足すと二十一。今の姓である吉田という漢字を分解すると、吉は十と一と口、田は十と口になり、数字だけを足すと、こちらも二十一で、残った二つの口を合わせると回。自分の名前である寅次郎《とらじろう》の寅は虎のことで、虎は猛という特質がある。自分のような人間は、虎の猛を師としなければ、一人前の武士になることはできない。そう考えていた。

いままで「猛」の行動をとったのは、脱藩して東北へ行ったこと、黒船来航を受けて藩主に意見書を提出したこと、そして黒船潜入の三回だけ。あと十八回、「猛」の行動をとってみせると、獄中で誓うのだった。

14 どんな子どもになるかは、親の教育次第。

凡《およ》そ人の子のかしこきもおろかなるもよきもあしきも、大てい父母のをしへに依《よ》る事なり。（妹・千代《ちよ》への手紙　安政元年）

■現代訳■　子どもには、賢い子もそうではない子も、よい子もそうでない子もいるが、それらは大抵、父・母の教育によるところが大きいのだ。

最愛の兄弟

松陰は、上に一人、下に五人という、七人兄弟の次男として生まれた。生涯にわたり松陰を支えた兄・梅太郎。一番上の妹が千代《ちよ》。二歳年下の千代を、松陰は特にかわいがり、獄中から何度も手紙を出している。のちに吉田家を継ぎ、旧制中学の校長などを歴任した松陰の甥にあたる吉田庫三《よしだくらぞう》（＊4）は千代の子である。二番目の妹は寿《ひさ》。小田村伊之助《おだむらいのすけ》（＊5）に嫁ぐが、明治十四（一八八一）年に四十二歳で亡くなった。三番目の妹は艶《つや》。こちらは早世している。十三歳年下の四番目の妹が、久坂玄瑞《くさかげんずい》の妻（＊6）となった文《ふみ》である。元治元（一八六四）年に久坂が亡くなった後、寿の夫であった小田村と再婚した。

一番下の弟は敏三郎《としさぶろう》というが、生まれつき口がきけなかった。松陰は九州遊学の際、加藤《かとう》清正廟《きよまさびょう》に立ち寄り、敏三郎の回復を祈っている。

松陰は、兄弟を生涯愛した。松陰は独身のまま一生を終えたため、彼らは松陰にとって、最愛の家族だったといえる。

＊1 日本中を旅した
松陰は九州遊学の際に、平戸、長崎、熊本などへ、東北遊学の際は水戸、会津、佐渡、弘前、盛岡、仙台、日光などへ、さらに江戸と萩を行き来する過程で東海道の諸藩に立ち寄っている。

＊2 金子重之助
一八三一〜一八五五　長州藩士。江戸の長州藩邸に勤めているときに、松陰と知り合う。松陰が収監された野山獄ではなく、庶民層が収監される岩倉獄に繋がれ、そこで病没した。

＊3 野山獄
萩に設置された、武士を収容するための獄屋敷。収容されていた松陰が、囚人たち相手に講義を行った獄として有名。現在跡地には、記念碑が建てられている。

＊4 吉田庫三
一八六七〜一九二二　松陰の妹・千代と夫の児玉祐之の息子。松陰の処刑後、松下村塾に学び、明治に入り再興を許された吉田家を継ぐ。

＊5 小田村伊之助
一八二九〜一九一二　松陰の友人。松陰亡き後、松下村塾で教え、長州藩の志士として活躍し、楫取素彦《かとりもとひこ》と名を改める。維新後は群馬県令となって活躍した。

＊6 久坂玄瑞の妻
松陰は久坂と文の結婚を望んでいたが、久坂は「好みではない」との理由で断った。しかし、縁談を取り持った松下村塾の中谷正亮に「見た目で判断するのか」と詰め寄られ、久坂は結婚を承諾したという。

◆鎖国の終わり

安政元（一八五四）年一月十六日。軍艦七隻を引き連れて、ペリーは予告どおり、再び日本に来航した。ペリーはまたもや幕府の制止を無視し、江戸湾へと侵入。幕府は、アメリカとの条約交渉に臨むことになったのである。

一方、ペリー来航から二ケ月近くが経過した三月五日。松陰は江戸の友人たちに、アメリカの軍艦に乗り込んで、密航する計画を打ち明けていた。富士山が崩れようとも、利根川《とねがわ》が涸《か》れようとも、考えは変わらない――反対する友人たちに、松陰はそう告げた。さらし首になる覚悟は、とうにできていた。

日米和親条約締結

アメリカの軍事力、そしてペリーの強硬姿勢に、ついに幕府は屈した。前回よりも多い、計七隻の軍艦が江戸湾に現れるのを見せつけられ、またもや幕府は、ペリーの要求を飲まざるを得なかった。こうして、日米の条約交渉が、横浜で始まった。交渉の席でペリーは、横浜の開港を希望した。しかし横浜を開いてしまうと、江戸から近すぎるため、防衛の面で不安がある。そこで幕府は、横浜ではなく下田の開港を提案。交渉を繰り返した末、幕府はアメリカと、日米和親条約を締結する。ここに、二〇〇年以上にわたって続いた鎖国体制は、終わりを迎えたのである。

もっとも日米和親条約では、通商は定められなかった。取り決められたのは、アメリカ船に燃料や食糧を提供すること、下田と箱館《はこだて》の二港を開き、アメリカの領事を駐在させること、アメリカに最恵国条項《さいけいこくこう》（＊A）を加えることなど。アメリカ側としては、中国の清へと向かう太平洋横断航路の補給基地として日本に開港させるという目的の方が大きかったため、通商は可能であれば、という位置付けだったのである。

下田踏海

日米和親条約が締結されてから一ヶ月と経たない三月二十七日の深夜。松陰は、弟子の金子重之助とともに、下田から沖合に停泊するアメリカ艦隊に向かって小舟を漕いでいた。密航計画を実行に移したのである。夜の海を進み、波にもまれ、ようやく松陰たちは軍艦にたどり着く。

船上で松陰たちを迎えたのは、通訳のウィリアムズ（＊B）である。松陰たちはウィリアムズに、アメリカに行きたいと告げた。しかし、ウィリアムズからは、色よい返事をもらうことはできなかった。日本とアメリカはすでに和親条約を締結している、近いうちに、日本とアメリカは、お互いに自由に行き来できるようになる、だからそれまで待つべきだ。

松陰たちがどれだけ懇願しても、ウィリアムズを翻意させることはできなかった。結局、ペリーに会うことすらできず、ボートで送り返された。プチャーチンのときに続き、今回も失敗に終わった。

投獄

海岸に送り返された二人は、自分たちが乗っていた小舟を探した。小舟には二人の所持品が残っており、見つかれば逃げ隠れできないどころか、佐久間象山《さくましょうざん》をはじめとする計画の協力者にまで迷惑がかかる。しかし、小舟は見つからず、二人は自首をした。身柄はそこから下田の番所に移され、江戸の伝馬《てんま》町牢屋敷に移送された。

幕府の取り調べで、松陰と金子は、罪を認めた。さらに、死罪になる覚悟はできているとも申し立てている。そして、判決が下りた。小舟に残された松陰と金子の所持品から象山の関与が発覚していたため、幕府は今回の一件を、松陰と金子、さらに象山の共犯であると断定した。松陰は、父・百合之助へ引き渡されて謹慎。金子は長州藩主の家来のもとで謹慎。死罪に値する罪を犯したにもかかわらず、寛大な処置であった。

なお、共犯だとみなされた象山も投獄された。象山は幕府の取り調べに対して持論を曲げず、もとより国法を犯すつもりもなければ、松陰らの行為に非難されるところもないと主張、奉行と口論を繰り広げている。この後、象山は、松陰らの密航計画を立てたとして、松代藩《まつしろ》（＊C）での謹慎処分を受けた。松陰との再会が永遠に叶わないまま、象山が松陰の訃報に接して涙を落とすのは、この五年後のことである。

野山獄に繋がれる

幕府の判決は、父のもとでの謹慎であったにもかかわらず、萩に戻った松陰は、野山獄（＊D）に繋がれることになった。藩が百合之助に、家が手狭であるため松陰を野山獄に入れてほしいという届出を、強制的に書かせたのである。届けを出すように通達された百合之助は、自宅で松陰を引き取るとの申し出をしたが却下され、やむなく届けを提出していた。藩は、幕府の目を気にして独自に重い処分を科したのであった。

野山獄に入った松陰は、さらに勉学に励む。日本史や水戸学を中心に書物を読み漁り、約一年二ヶ月の獄中生活で、およそ六〇〇冊を読破したのだ。これらの本は、ほとんどが兄梅太郎からの差し入れであった。「二十一回猛士」の号を名乗り始めたのも、この獄中のことである。

国際社会の一員として歩み出す日本

松陰が野山獄に繋がれている間に、日本国内でも変化が起こっていた。幕府が次々と、欧米各国と条約を結んだのである。

当時ヨーロッパは、クリミア戦争（＊E）の渦中にあった。安政元年七月、イギリスとフランスは、カムチャツカ半島の要塞を攻撃するが、ロシアの前に敗北を喫する。それから間もなく、イギリス艦隊が長崎に入港した。日本に戦時中立を求めると同時に、イギリス軍艦の日本諸港への入港を求めるためである。イギリスの求めに応じ、幕府は長崎と箱館を開港し、イギリスに最恵国条項を認める日英和親条約を締結した。

イギリスが日本を去って間もなく、今度はロシアのプチャーチンが再度日本を訪れる。日本とロシアは下田、箱館、長崎を開港し、ロシアに最恵国条項を認める日露和親条約を締結した。

さらに翌年、長崎の海軍伝習所《かいぐんでんしゅうじょ》（＊F）設立にオランダの協力を仰いだこともあって、日本はオランダと、最恵国条項を認める日蘭和親条約を締結している。

オランダからの開国の勧告を拒否してからわずか十年、日本は国際情勢の波に巻き込まれる形で、国際社会の一員として歩み始めていたのである。

＊A **最恵国条項**

A国とB国が条約を結んでいて、A国が新たに、B国より有利な待遇でC国と条約を結んだ場合、A国はB国に対しても、C国と同等に有利な待遇を認める条項。日米和親条約では、日本がアメリカの最恵国条項を認めていた。

＊B **ウィリアムズ**

一八一二～一八八四　アメリカの言語学者。二十代のころ、モリソン号に乗船して日本に向かうも、当時は異国船打払令が出ており砲撃され、上陸はかなわなかった（モリソン号事件）。

＊C **松代藩**

現在の長野県長野市を中心とした藩。佐久間象山の出身地。

＊D **野山獄**

↓P68参照

＊E **クリミア戦争**

ロシアのオスマン帝国侵攻に対し、イギリスとフランスがロシアの南下を阻止するため、オスマン帝国を支援したことから始まった欧米列強同士の戦争。ヨーロッパにとどまらず、カムチャツカ半島にまで及ぶ広範囲のものとなった。

＊F **海軍伝習所**

安政二年、オランダ商館長の提案を容れ、長崎に設置された海軍教育機関。勝海舟、榎本武揚らが学んだ。

15 「やったりやらなかったり」は、学問においては厳禁である。

学問の大禁忌《きんき》は作輟《さくてつ》なり。（講孟余話《こうもうよわ》　安政二年）

■現代訳■　学問をするうえで、決してしてはならないこと、それは、やったりやらなかったりすることである。

野山獄に入獄

野山獄には、全部で十二の独房があった。松陰が入獄したときには、すでに十一名の囚人（*1）がいた。松陰は、最後の十二番目であった。

囚人たちの中には、五十年近くを獄中で過ごしている者もいた。囚人たちのほとんどは、家族や親族の意向で入獄しているため、恩赦の対象にはならない。つまりは、半永久的に出獄の見込みのない者たちばかりであった。

そのような状況では希望も見出せず、あきらめ切った空気が蔓延していても不思議ではない。しかし、松陰が入獄してからの野山獄では、ある変化が起こる。囚人が学問をするようになり、勉強会が始まったのだ。

勉強会を続けるうちに、獄中で囚人たちがお互いに、切磋琢磨《せっさたくま》するようになった。松陰は手応えを、友人への書簡に記す。もしも自分が獄中で一生を過ごすのであれば、数十年経つころには、ここから傑出した人物を輩出できるだろう、と。

16 生きることを楽しみ、死ぬことを楽しむ。

楽しみの人に於ける、在らざる所なし。
山楽しむべく、水楽しむべし、居楽しむべく、
行楽しむべし、富楽しむべく、貧楽しむべし、生楽しむべく、死楽しむべし。
（賞月雅草《しょうげつがそう》　安政二年）

■現代訳■　人生には、どこへ行っても楽しみはある。山を楽しみ、水を楽しむ。じっとしていることを楽しみ、行動することを楽しむ。豊かであることを楽しみ、貧しいことを楽しむ。生きることを楽しみ、死ぬことを楽しむ。

獄中で学び、教える

野山獄での勉強会がどのように始まったのかは、はっきりとはわかっていない。松陰という、言わば場違いの人間が入ってきたことに囚人たちが興味を持ち、時事問題について議論を重ねるうちに、自然と勉強会が発生したのではないかとの説もある。

もっとも、松陰が野山獄に入獄するまで、囚人同士が関わり合いをまったく持たなかったわけではない。囚人の中には俳諧《はいかい》に通じた者も何名かおり、句会が開催されることもあった。松陰も入獄して間もなく、この者たちに俳句の指導を受けている。

また、囚人の中に富永有隣《とみながゆうりん》（*2）という人物がいた。松陰と富永は、詩の交換をしたり、書道に通じた富永に松陰が指導を頼んだりもしている。勉強会が本格化してからは、富永は囚人たちに詩を講じることもあった。

俳句や詩の詠み合いが、月明かりの夜に開催されることもあったようである。

17 人を信じて失敗するのはよい。人を疑って失敗したくない。

余寧《むし》ろ人を信じるに失するとも、誓って人を疑うに失することなからんことを欲す。（講孟余話　安政二年）

■現代訳■　私は、人を信じたことによって失敗したとしても、決して、人を疑って失敗するようなことがないようにしたい。

誰にでも教え、誰からも学ぶ

松陰は、人を愛し、信じた。真正面から人とぶつかった。誠心誠意接すれば、人を動かすことができる。全力でぶつかれば、相手も応えてくれると信じていた。

江戸の伝馬町牢屋敷でも、牢獄の番人や警護の者にまで、立場に関係なく語りかけた。野山獄に繋がれてからも、牢獄の役人に語りかけた。相手の立場にはこだわらない。その人物をありのままに受け入れて、信じるところから始めたのである。その姿勢が、獄中での囚人相手の講義や、松下村塾の隆盛につながっていく。

もっとも、相手を信じてぶつかった結果、応えてもらえなかったときの落胆も大きかった。さらに松陰は、その落胆や失望を隠すこともしなかった。松陰の書簡には、師事した山田《やまだ》亦介《またすけ》（＊3）や安積艮斎《あさかごんさい》（＊4）、山鹿素水《やまがそすい》（＊5）らを罵倒しているものも残っている。自分の感情にも正直だったのである。

自分にも、他人にも、正直に接する。それが、吉田松陰であった。

18 むやみに「師匠」「弟子」にならない。

師道を興さんとならば、妄《みだ》りに人の師となるべからず、又妄りに人を師とすべからず。必ず真に教うべきことありて師となり、真に学ぶべきことありて師とすべし。（講孟余話　安政二年）

■現代訳■　「師」として、あるべき姿を求めようとするのであれば、むやみやたらに師となるべきではない。また、むやみやたらに弟子となるべきではない。本当に教えるべきことがあって師となり、本当に学ぶべきことがあって、師につくべきである。

獄中で囚人同士教え合う

玉木文之進《たまきぶんのしん》、山田亦介、葉山佐内《はやまさない》、安積艮斎、古賀茶渓《こがさけい》、山鹿素水《そすい》、佐久間象山など、松陰は数多くの門下で学んでいる。しかし、師と仰ぐに値しないと判断して、早々に出入りしなくなった師も多い。

松陰は、学問はあくまでも自分を高めるためにするものであって、人に褒められるためにするものではないと考えた。そして、自分を高めるために学問をする者は、師となろうとしなくても自然と師となるものである、人に褒められるために学問をする者は、師になりたがるものの師となることはできない、と述べている。教えたがったり、人の師になりたがったりするような人物は、本当の師にはなれないと考えていた。

野山獄では、囚人同士が互いに師となって教えあった。これには、教えることを通じて自分を見つめ直すことができるという効果があった。しかし、師というものに松陰が高い理想を持っていたことからすると、安易に師弟になってしまうことを防ぐ意図もあったのであろう。

19 失敗を隠そうとすることは、恥ずべきことである。

士行は質実にして欺《あざむ》かざるを以て要と為し、巧詐《こうさ》を以て過《あやま》ちを文《かざ》るを恥と為す。公明正大《こうめいせいだい》、皆是《こ》れより出ず。（士規七則《しきしちそく》　安政二年）

■現代訳■　武士の行動は、誠実であることこそが重要であり、ごまかしたり偽ったりして、失敗を隠そうとすることは、恥ずかしいことなのである。「公明正大」ということは、すべてそこから生まれてくるのである。

獄中で本を著す

松陰は野山獄でも、忙しく過ごした。書物を読み漁り、思索に耽り、途中からは勉強会も始めている。松陰は野山獄で、思索をまとめたものや勉強会の成果を記したものなど、いくつかの著作を残している。

松陰の思索は、武士たる者はどのように生きるべきかにたどり着いた。しかし、武士は、武士である以前に一人の日本人である。では、日本の特質とは何なのか。いや、日本人も、日本人である以前に一人の人間である。そうであるとすれば、根本的に、人を人たらしめるものは何なのか。その思索をまとめたものが、『士規七則』（＊6）である。

この『士規七則』は、松陰が執筆をして、叔父の玉木文之進が添削をしたものである。文之進の息子で、松陰の従兄弟にあたる玉木彦介《たまきひこすけ》（＊7）が元服《げんぷく》を迎えた際に贈られた。人の人たる所以《ゆえん》や、皇国・日本の特質、士道、さらには武士としてのあり方などがまとめられており、後の松下村塾生たちの指針ともなった。

20 どんな人間にも、必ずすぐれた部分がある。

人賢愚《けんぐ》ありと雖《いえど》も、各々一、二の才能なきはなし、湊合《そうごう》して大成する時は必ず全備する所あらん。（福堂策《ふくどうさく》　上　安政二年）

■現代訳■　人間には賢い者・愚かな者がいるが、どんな人間でも、一つや二つはすぐれた才能を持っている。全力で、一人ひとりの才能や特長を大切にして育てていけば、その人だけが持つ味にあふれた、一人前の人間になることができる。

囚獄制度を考える

幕府が改革を進めていたころ、松陰は、自身の獄中体験から、独自の囚獄制度を考え、『福堂策』にまとめた。一大牢獄を設立して、すべての犯罪者を収容する。そこでは全員が読書や写字をはじめとする学芸に励み、更生した者は三年ごとに出獄できるようにする。どうしても改心しない者は島流しにする。つまりは、刑罰を懲罰的な応報刑《おうほうけい》ではなく教育刑としてとらえ、犯罪者の教育、更生に主眼を置くのである。

松陰のこの主張の前提には、罰せられるのは罪であって人ではないとの考えが存在する。松陰は、獄中で『孟子《もうし》』（*8）の講義をしていたことからもわかるように、孟子と同じ性善《せいぜん》説《せつ》（*9）に立つ。人間の善を信じるのである。

したがって、一つの罪で、その人そのものを否定するようなことはしない。人間は一人ひとり、賢かったり愚かだったりという違いはあるものの、どんな人間でも何かしらの才能に恵まれている。そこで、教育によって才能を伸ばし、更生させることが必要だと考えたのであった。

第二章

＊1 十一名の囚人

十一名のうち、親族からの届け出で野山獄に繋がれていた者が九名いたが、藩法を犯した者は二名であり、残りの七名は親族の意向で入れられていた。松陰が入獄したときに、最年長の大深虎《とら》之《の》允《じょう》はすでに四十九年在獄しており、七十六歳であった。判明している中で最も若かったのが三十六歳の富永有隣なので、入獄時二十五歳の松陰は最年少であったと考えられる。

＊2 富永有隣

一八二二～一九〇〇　長州藩士、儒学者。松陰の出獄から二年半以上後に出獄し、松下村塾の講師となる。国木田独歩の小説『富岡先生』のモデルとされている。

＊3 山田亦介

一八〇九～一八六五　長州藩士。村田清風の甥に当たる。弘化二年には、当時家学教授見習だった松陰を指導している。

＊4 安積艮斎

↓P34参照

＊5 山鹿素水

↓P34参照

＊6 士規七則

「人が人である理由は、忠や孝の精神を持っていること」など、七つの教えから成る。

＊7 玉木彦介

一八四一～一八六五　松陰が出獄後に講義を開始すると、早い時期から松下村塾へ通い、勉学に励んだ。松陰が彦介に冗談を言って互いに笑い合うほど、二人の仲はよかったという。第一次長州征伐後、藩の実権をめぐる抗争で負傷し、自害。

＊8 孟子

中国・戦国時代の思想家・孟子（前三七二ごろ～前二八九ごろ）と弟子たちのやり取りをまとめた書物。社会秩序を守るための五つの徳（五倫の道）などを説く。全七編。

＊9 性善説

孟子が唱えた、人間は生来、「善」であるとする考え。同時代の思想家・荀子《じゅんし》が唱えた「性悪説」の対をなす。

◆加速する安政の改革

嘉永六（一八五三）年の一度目の黒船来航以降、阿部正弘《あべまさひろ》（＊A）を中心に始まった安政の改革は、日米和親条約の締結によって、ますます加速していく。しかし、改革の過程で幕府は、新たなる火種を抱えることとなっていった。

十三代将軍の徳川家定《いえさだ》は生来病弱で、さらに天保の改革の失敗で幕府の威信が低下していたこともあり、幕府はリーダーシップを発揮できる人材を必要としていた。

そこで台頭したのが、海防参与《かいぼうさんよ》として登用された前水戸《みと》藩主・徳川斉昭《なりあき》（＊B）である。斉昭は薩摩藩主・島津斉彬《しまづなりあきら》（＊C）、越前藩主・松平慶永《まつだいらよしなが》（＊D）、土佐藩主・山内豊信《やまうちとよしげ》（＊E）、宇和島藩主・伊達宗城《だてむねなり》（＊F）ら、有力大名と協力関係にあったため、斉昭の登用によって、日本全国の大名の協力も得やすい下地は生まれていた。

しかしこうした状況が、将軍継嗣《けいし》問題、さらには、吉田松陰が命を散らす安政の大獄へとつながっていくのである。

開国後の改革

黒船の来航により、幕府は、日本と欧米諸国との国力の差を痛感することになった。欧米諸国の軍事力は、圧倒的に日本を上回っている。だからこそ日本は、武力で脅されて開国に応じることになったのである。しかも欧米諸国は、日本を文明国ではなく、半文明の国とみなしている。このままでは、同じく半文明の国とみなされた清と同じ末路をたどることになる。その危機感が、幕府を突き動かした。阿部は、国力を増強するために、開国後、安政の改革を加速させたのである。

まずは人材登用である。諸外国と交渉のできる外交の専門家として、川路聖謨《かわじとしあきら》(＊G)、岩瀬忠震《いわせただなり》(＊H)らが登用された。川路は後にロシアと、岩瀬は日米修好通商条約をめぐって、アメリカのハリス（＊I）と、それぞれ交渉を行うことになる。

さらに幕府は、欧米諸国の軍事技術を導入するために、長崎に海軍伝習所を設立し、オランダの協力のもとで海軍の増強を図った。また、西洋の技術を取り入れるために、西洋の書物を翻訳する機関として、洋学所を設立した。この洋学所は安政の大地震(＊J)

で倒壊したため、その後に蕃書調所《ばんしょしらべしょ》（＊K）と名称を変えて、海外事情を調査するとともに、軍事科学をはじめとする洋学を導入して教育するための機関となった。その他にも西洋砲術や洋式の訓練を行うための訓練機関として、講武所《こうぶしょ》も設立している。

これらの改革は、急ピッチで進められた。日米和親条約の締結からわずか二年ほどで、西洋の技術の導入が積極的に図られるようになったのである。

金子重之助の死

幕府の改革が進む中、吉田松陰は、野山獄に拘留《こうりゅう》されている。勉学に励んだり、思索に耽ったりして過ごしていた。

安政二（一八五五）年、年明け早々、ともに密航を企図した金子重之助（＊L）が、結核で息を引き取った。金子は、明倫館《めいりんかん》の生徒としてではなく、吉田松陰という一人の人間に弟子入りした、松陰にとって初めての弟子であった。しかし、明倫館の師範である松陰とは違い、足軽《あしがる》（＊M）出身の金子に対する扱いは過酷なものであった。

江戸では劣悪な環境の農民用の牢獄に繋がれたため、体調を崩しがちになった。萩へ移送される間に金子の体調は悪化し、ひどい下痢のため着物を汚しても、着替えすら認められなかった。松陰は何度も待遇改善を訴えたが聞き入れられず、とうとう自分の着物を脱ぎ捨てて、金子に着せろと怒鳴ったほどである。

萩にたどり着いた金子は、松陰が繋がれた野山獄とは違い、岩倉獄《いわくらごく》（＊N）に収容された。亡くなる直前に、役人のはからいで両親との再会を果たすことができたという。

獄中での勉強会

金子の死から程なく、野山獄では、松陰を中心とする「勉強会」が始まった。

松陰は『孟子』や『論語《ろんご》』（＊O）の講義をし、俳諧に通じた者は俳句の指導をし、書道に通じた者は書道を教え、数人で『日本外史《にほんがいし》』（＊P）の対読を行うというように、それぞれが教師となり、お互いに教え合った。

牢獄内では囚人同士が自由に会話をすることはできなかったため、勉強会は主に夜間に行われたが、いつしか牢獄の役人までもが一緒に学んだ。囚人が一堂に会して勉強会が開かれることまであった。

ここから残りの人生の大部分を、松陰は教育に費やすことになっていくのである。

松陰は、在獄中から他の囚人たちの釈放運動に取り組んだ。『福堂策』（＊Q）にあるように、刑罰を教育刑としてとらえ、獄中教育の結果、囚人が更生したのであれば、それ以上囚人が在獄する理由はない。そう考えたからだ。活動が功を奏したのか、松陰が出獄するのと同時期に、松陰以外にも六名が出獄している。

この釈放運動は、松陰が野山獄を出獄してからも続いた。最終的には、野山獄の囚人のほとんどが出獄している。

出獄

松陰は、安政二年十二月に野山獄を出獄し、生家である杉家での謹慎となった。幕府の本来の処分は杉家での謹慎であり、佐久間象山も幕府の判決に従い松代藩で謹慎しているにもかかわらず、松陰の処分が重過ぎるという声が藩内で高まったためである。

出獄してから二日後、松陰は実家の杉家で、『孟子』の講義を行っている。これは、獄中での講義が途中だったのを、父・百合之助と兄・梅太郎が惜しみ、再開させたものである。杉家の一室で行った講義であるにもかかわらず、参加する人数は次第に増えていった。

＊A **阿部正弘**
↓P27参照

＊B **徳川斉昭**
↓P58参照

＊C **島津斉彬**
一八〇九～一八五八　薩摩藩主。早くから欧米列強の脅威に危機感を抱き、西洋技術の本格導入を主張。藩の西洋式軍備に力を入れる。

＊D **松平慶永**
一八二八～一八九〇　越前藩主。春嶽《しゅんがく》と号する。橋本佐内、横井小楠などを登用し藩の財政・軍制改革を進める。

＊E **山内豊信**
一八二七～一八七二　土佐藩主。容堂《ようどう》と号する。吉田東洋などを登用し、財政改革を進める。

＊F **伊達宗城**
一八一八～一八九二　宇和島藩主。長州から村田蔵六《ぞうろく》（大村益次郎《ますじろう》）を招き、軍制改革を進める。

＊G **川路聖謨**
一八〇一～一八六八　旗本。嘉永六（一八五三）年、プチャーチン来航の際には全権として条約締結引き延ばしに成功。

＊H **岩瀬忠震**
一八一八～一八六一　旗本。阿部正弘に抜擢され、安政の改革に海防掛として参画。日米修好通商条約の草案を作成し、ハリスとの交渉で条約調印に成功。

＊I **ハリス**
一八〇四～一八七八　アメリカの外交官。初代駐日総領事として来日、下田に着任する。下田条約の調印に続き、日米修好通商条約の締結に成功する。

＊J **安政の大地震**
安政二年十月二日に起こった大地震。関東地方南部を震源とする直下型の地震で、マ

グニチュード7クラスと推定される。

＊K 蕃書調所

安政三（一八五六）年、洋学所から改称された江戸幕府の研究教育機関。のちに洋書調所に改称、さらに開成所となる。オランダ語に加え、英語やフランス語教育、科学・数学・印刷術などの教育研究も行われた。

＊L 金子重之助

↓P68参照

＊M 足軽

大名などの家臣が率いている、身分の低い武士。

＊N 岩倉獄

長州藩の牢獄。松陰が収容された、武士用の野山獄に対して、岩倉獄は庶民が収容された。

＊O 論語

中国・春秋時代の思想家・孔子（前五五一～前四七九）の思想をまとめた書物。

＊P 日本外史

江戸時代後期の儒学者・頼山陽《らいさんよう》（一七八〇～一八三二）の歴史書。源平合戦から徳川幕府に至るまでの武家の歴史を記している。

＊Q 福堂策

↓P89参照

21 まずは「自分」に目を向ける。それこそが、着実である。

事を論ずるには、当《まさ》に己《おの》れの地、己れの身より見を起すべし、乃《すなわ》ち着実となす。

（久坂玄瑞への手紙　安政三年）

■現代訳■　天下国家の大きなことについて議論するには、まずは自分の暮らしている場所や自分自身の立場に目を向けるべきである。それが着実、ということである。

久坂玄瑞を論破

萩の藩医の家に生まれた久坂玄瑞（＊1）は、遊学先の九州で宮部鼎蔵《ていぞう》（＊2）に出会い、松陰に師事することを強く勧められた。久坂が初めて松陰に手紙（＊3）を出したのは、十七歳のときである。だが、その返信が強烈だった。

「君の言っていることは上っ面だけで、考え方は粗雑なうえ浅はか」

あまりにも予想外の返信に久坂は激昂して、次の手紙で反論した。それに対して松陰も反論し、その次の手紙でも、二人の議論は続いた。

それこそが、松陰の狙いだった。久坂の手紙を初めて読んだ松陰は、久坂の志も意気込みも、非凡だと感じた。だからこそ全力で論破した。久坂が表向きは松陰の意見に同調して内心で悪態をつくのであれば、その程度の人物に過ぎない。しかし、もしも久坂が全力で反論してくるようなら、期待通りの人物だと考えたのである。

激論の末、久坂が松下村塾の塾生となったのは、手紙のやり取りをしてから二年後のことである。

22 学問とは、「生き方」を学ぶことだ。

学は人たる所以《ゆえん》を学ぶなり。塾係《か》くるに村名を以てす。誠に一邑《いちゆう》の人をして、入りては則《すなわ》ち孝悌《こうてい》、出でては則ち忠信ならしめば、則ち村名これに係くるも辱《は》ぢず。若《も》し或いは然《しか》る能《あた》はずんば、亦《また》一邑の辱たらざらんや。（松下村塾記　安政三年）

■現代訳■　学問とは、人はどのようにあるべきか、どのように生きていくべきかを学ぶことだ。これを学ぶ塾の名前に村名をあてた。この松本村の人々が、家では父母に孝を尽くして年長者に仕え、家の外では主君に忠義を尽くして他人に信義を尽くさせるならば、塾の名前に村の名前をつけても、恥じることはない。

松下村塾の萌芽《ほうが》

松下村塾は、松陰が設立したものではない。天保十三（一八四二）年に叔父の玉木文之進が始めたものである。しかし、文之進が公務に戻る（*4）と松下村塾は一度消滅している。

その後、自宅の一室で塾を開催していた、松陰の外叔である久保五郎左衛門《くぼごろうざえもん》が、松下村塾の名を引き継いだ。久保の塾は、近隣の子どもたちに読書や習字などを教えており、塾というよりは寺子屋に近かったようである。『松下村塾記』は、松陰が久保の開いていた松下村塾について、久保の依頼を受けて書いたものである。

同じころ松陰も、野山獄を出て杉家で近親者を相手に学問を教えていた。しかし、次第に近親者以外も集まるようになり、特に久保の門下生も訪れるようになり、学塾のようになっていった。

久保の塾で手習いを学び、成長して学力のある青年が松陰のもとで学ぶ。二つの塾は、いつしか、そのような関係になっていたようである。

23 自らの苦労を惜しんでいては、世の人々に安定をもたらす人物にはなれない。

万巻の書を読むに非《あら》ざるよりは、寧《いずく》んぞ千秋の人たるを得ん。一己《いっこ》の労を軽んずるに非ざるよりは、寧んぞ兆民の安きを致すを得ん。（松下村塾聯《れん》 安政三年）

■現代訳■ 多くの書物を読み学ばなければ、後の世の中に名前を残すような人物にはなれない。自分の苦労を惜しんでいるようでは世の中の人々に安定をもたらすような人物にはなれない。

飛躍する松下村塾

松陰のもとへ学びに来る者は、日ましに増えていった。しかし、松陰の幽室《ゆうしつ》（＊5）は、あまりにも手狭であった。

そこで、安政四（一八五七）年十一月に、八畳一間の塾舎が新築された。この新塾舎完成に際して松陰は、新塾は久保五郎左衛門の塾であり、野山獄を出た後に講師として迎え入れた富永有隣（＊6）が中心にいると述べている。もっとも、このころはまだ松陰は謹慎処分を受けたままであるため、名前を出すことができなかったという事情があった。

松陰は、入塾希望者には学問の目的を聞いた。書物をよく読めるようになりたいと答えた者には、書物は実行を通して自然と読めるようになる、実行が第一だと教えた。授業中は立志の大切さを常に説いた。こうして、歴史に名を刻む志士たちが生まれていくことになる。

松陰が名実ともに松下村塾を主宰するようになるのは、長州藩から家学の教授を許可された、安政五（一八五八）年七月のことである。

24 一ヶ月でダメなら二ヶ月、二ヶ月でダメなら百日……あきらめてはいけない。

一月にして能《よ》くせずんば、則ち両月にして之《こ》れを為さん。両月にして能くせずんば、則ち百日にして之れを為さん。之れを為して成らずんば、輟《や》めざるなり。

（丁巳幽室文稿《ていしゆうしつぶんこう》　安政四年）

■現代訳■　一ヶ月かけてできないのであれば、二ヶ月かけてやればよい。二ヶ月かけてできないのであれば、百日かけてやればよい。できないからといって決して途中であきらめてはいけない。

一人ひとりと向き合う教育方針

『福堂策』で松陰は、獄に繋がれた者であっても、教育によって才能を伸ばし、更生させることができると記した。どんな人間でも教育によって更生することができると考えたのである。そこには、教育そのものに対する絶対的な信頼が存在していた。

人間は一人ひとり違う。生まれ持った才能も、現在の能力も、異なっている。だからこそ、それぞれに合わせた教育をする必要がある。この考えは、松下村塾での指導で生かされることになる。

塾には決まったカリキュラムが存在せず、生徒の興味や能力に合わせて、松陰がそれぞれに合った教科書を選んだ。授業にしても、松陰が集団講義をするのではなく、ほんの数名の塾生相手に入れ替わり立ち替わり指導した。

そして、とにかく粘り強く。一ヶ月でわからなければ二ヶ月、二ヶ月でわからなければ百日かけてわかるようになればよい。決して、あきらめない――それが、松陰の教育方法であった。

25

憂慮すべき事態となっている理由を知らないことをこそ、憂うべきである。

天下の大患《たいかん》は、其《そ》の大患たる所以《ゆえん》を知らざるに在《あ》り。苟《いやしく》も大患の大患たる所以を知らば、寧《いずく》んぞ之《こ》れが計を為さざるを得んや。（狂夫《きょうふ》の言　安政五年）

■現代訳■　この世の中で、大いに憂うべきこととは、大いに憂うべき状態となっている理由を、知らないことである。もし、その憂うべき状態となっている理由を知れば、その対応策を立てざるを得ないだろう。

無策の幕府を正す

時代は、松陰に教育者のままでいることを許さなかった。松陰が松下村塾での教育活動に力を入れていたころ、新たな問題が日本を揺るがしていたのである。通商条約の締結である。幕府は、安政三（一八五六）年に下田に領事として着任したハリス（＊7）から、通商を求められていた。

このままでは清の二の舞（＊8）になってしまうのではないか。危機感を抱いた松陰は、藩政改革と人材登用を主張する意見書を、藩主に提出する。

外国に対しては断固たる姿勢で対応しなければならないが、幕府にはそれができていない。したがって、朝廷が率先して指導すべきだ。しかし、この国難の時勢にあって、役人たちは権力争いに終始している。無意味な慣習や規則をなくし、すぐれた人材を登用すべきである。

松陰の主張は、これまで続いていた身分制度そのものを否定するようなものだった。自分でも受け入れられない可能性を感じていたのだろう。松陰はその意見書を、『狂夫の言』と名づけたのであった。

＊1　久坂玄瑞
一八四〇〜一八六四　長州藩士。松陰の弟子。松陰の死後、長州藩尊王攘夷派の中心となっていく。

＊2　宮部鼎蔵
↓P40参照

＊3　手紙
久坂は最初の手紙で、通商条約の締結を迫るアメリカ人の外交官を斬るべきだと攘夷論を主張。それに対して松陰は、日米和親条約が結ばれた時点ですでに遅いと返信した。

＊4　公務に戻る
松下村塾を始めたころ、文之進は部下の不正の責任をとらされて免職となっていた。

＊5　幽室
奥深くもの静かな部屋。

＊6　富永有隣
↓P90参照

＊7　ハリス
↓P98参照

＊8　清の二の舞
西洋諸国は清で、貧しい人たちのために貧民院や施薬医院をつくり、孤児のために孤児院を設立して、民衆の支持を得た。日本にも貧しい人や孤児が多いため、清と同じように、民衆が西洋諸国を支持して幕府に従わなくなってしまうと考えたのである。

◆松下村塾の誕生と幕府の新たな問題

松陰は出獄後、杉家の一室を幽囚室として、友人との交わりは断とうと考えていた。しかし、近親者を対象として始めた勉強会は、学塾として広がりをみせていく。時代の潮流に一度飲み込まれてしまった以上、松陰はもはや、そこから逃れることはできなかったのである。

こうして、幕末の志士たちを生んだ松下村塾が誕生することになる。

一方、幕府にも新たな問題が生じていた。通商条約の締結と、将軍継嗣《けいし》問題である。この二つの問題が、幕末の動きを加速させていくことになる。

松下村塾の誕生

杉家の幽室で松陰が行っていた講義に人が集まるようになり、安政四（一八五七）年十一月に八畳一間の塾舎を新築してから、松下村塾は本格的に始動することになる。

松下村塾は、入学に身分制限のあった明倫館とは異なり、広く門戸を開放した。そのため、子どもから大人まで通うようになったが、教師の松陰がまだ二十代半ばであったためか、若い塾生が多かった。塾は出入り自由で、塾生は自分の学びたい内容が行われる日や時間に合わせて塾に通っていたようだ。

松下村塾では日を追うごとに入塾者が増えていった。塾生の中には、高杉晋作《たかすぎしんさく》（＊A）、久坂玄瑞（＊B）、吉田稔麿《よしだとしまろ》（＊C）。入江杉蔵《いりえすぎぞう》（＊D）。品川弥二郎《しながわやじろう》（＊E）。伊藤博文《いとうひろぶみ》（＊F）、山県有朋《やまがたありとも》（＊G）などの幕末の志士たちが名を連ねている。

もっとも、初めのころは、松下村塾の評判は決してよくなかった。松陰は、藩命に背いて脱藩した挙句、国禁を犯した大罪人である。子どもが松下村塾に近づくのを警戒した親も多数いた。高杉晋作に至っては、家族に秘密にして、夜遊びに出かけるふりをして松下村塾に通っていたほどである。しかし、安政五（一八五八）年ごろには松下村塾の評判はよくなり、萩でも有数の学塾として名を馳せるようになっていた。

松下村塾の特徴

塾生たちは弁当を持参して塾に来ていたが、中には昼時に自宅へ戻ろうとする者もいた。松陰はそういった塾生を呼び止めて、日課を一通り終えさせた後、ともに杉家へと向かい、たくあんなどをおかずに、一緒に食事をしたという。また、松陰は入塾希望者に対して、教授はできないが、ともに学ぼうと答えることさえあった。松陰は塾生との関係を、師弟ではなく、ともに勉学に励む同志だと考えていたのである。

松下村塾の講義は、常に教室内で行われたのではない。松陰の幼少時代のように師弟ともに畑仕事をしながらの講義や、屋外での運動、家の近くや川原での竹の棒を銃に見立てての実習など、教室の外でも講義は行われた。

教室には、全国に赴いた塾生や松陰の知人らから集めた情報をまとめて記した『飛《ひ》耳長目《じちょうもく》』（＊H）とよばれる冊子のようなものが備え付けられており、誰でも読むことができるようになっていた。塾生たちは、この冊子から日本全国の情報を知ることができたのである。

通商条約締結の動き

松陰が松下村塾で教育活動に力を入れていたころ、幕府は揺れていた。初代アメリカ総領事のハリスが、幕府に通商条約の締結を強く迫っていたのである。

安政四年になると、態度を決めかねていた幕府に衝撃的な知らせが入る。清と、イギリス・フランス連合軍とのアロー戦争（＊I）が始まったのである。ハリスはこの機を逃さなかった。江戸に赴いて十三代将軍・家定に謁見すると、その数日後には、病気を理由に老中首座を阿部正弘から譲られていた堀田正睦《ほったまさよし》（＊J）の前で、大演説を行ったのである。アメリカは領土を望んでいないが、イギリスやフランスは日本を狙っている、戦争を避けるためには貿易が必要であり、もしも日本がヨーロッパと戦争になった場合には、アメリカが間に入って調停を行う、初めにアメリカと通商条約を結べば、他国もそれ以上の要求はできなくなる、と。

このハリスの演説を受けて、幕府内部では何度も議論が重ねられた。

条約勅許問題

そして、幕府は結論を出した。通商条約締結、やむなし。堀田は、ハリスとの条約交渉をまとめると、朝廷に勅許《ちょっきょ》（＊K）をもらうために京都へと赴く。しかし、そこで予想外の事態が起こった。勅許が得られなかったのである。

堀田は朝廷に、世界情勢や貿易の必要性について長文の意見書を提出して、勅許を求めた。しかし、もともと攘夷派であるうえに、儒者や大名、志士たちに尊皇攘夷の思想を煽られていた孝明《こうめい》天皇（＊L）をはじめとする朝廷は、堀田の説得に耳を貸さなかったのである。

将軍継嗣問題

そのころ幕府は、もう一つの問題を抱えていた。家定に子がなかったため、跡継ぎを誰にするのかという将軍継嗣問題が起こっていたのである。次の将軍をめぐって、徳川斉昭の七男で、賢明だと評判の高い二十一歳の一橋慶喜《ひとつばしよしのぶ》（＊M）を推す一橋派と、血筋が家定に近いもののまだ十二歳と幼い紀州藩主・徳川慶福《よしとみ》（＊N）を推す南紀《なんき》派が対立することとなった。

慶喜を推していた一橋派は、斉昭や松平慶永、島津斉彬や山内豊信ら親藩・外様の有力大名である。彼らは、国難を乗り切るために、賢明な将軍を立てるべきだと主張した。特に一橋派には、慶喜が将軍になれば、幕府と大名の協調路線がさらに進むという期待があった。

一方、慶福を推す南紀派は、井伊直弼《いいなおすけ》や譜代《ふだい》大名（＊O）や旗本である。八代将軍・吉宗《よしむね》（＊P）以降、将軍家には紀州藩の血筋が深く関わっていたため、血筋からは慶福が適任であった。また、南紀派は、将軍の跡継ぎ問題は幕府の専権事項であるため諸大名の介入を阻止したいと考えており、さらに慶喜が将軍となった場合、幕府の実権が徳川斉昭に移ること、ひいては雄藩に政治参加されることを恐れていたのである。

大老・井伊直弼の登場

通商条約勅許が得られないまま、将軍継嗣問題に揺れる江戸に戻った堀田を待っていたのは、政変だった。新たに大老《たいろう》（＊Q）が任命されたのである。彦根藩主で南紀派の井伊直弼（＊R）。安政五年四月のことであった。ここから時代は、ますます混迷を深めていくのである。

＊A 高杉晋作
一八三九～一八六七　久坂玄瑞の誘いで、安政四年、一八歳で入塾。

＊B 久坂玄瑞
↓P110参照

＊C 吉田稔麿
一八四一～一八六四　安政三年、十五歳で入塾。

＊D 入江杉蔵
一八三七～一八六四　長州藩士。松下村塾では、久坂、高杉、吉田と並び「四天王」とよばれる。禁門の変で負傷、切腹した。

＊E 品川弥二郎
一八四三～一九〇〇　安政四年に一四歳で入塾。

＊F 伊藤博文
一八四一～一九〇九　農民の生まれ。若いころの名前は「俊輔」。安政四年、十六歳で入塾。

＊G 山県有朋
一八三八～一九二二　安政五年、久坂玄瑞の紹介で、二十歳で入塾。

＊H 飛耳長目
見聞や知識を広めるための書物。

＊I アロー戦争
一八五六～一八六〇年、イギリス船籍を名乗る中国船・アロー号を清国政府が拿捕した事件（アロー号事件）をきっかけに、イギリス・フランス連合軍と清軍との間で起こった戦争。第二次アヘン戦争ともよばれる。

＊J 堀田正睦
一八一〇～一八六四　江戸幕府老中首座の下総佐倉藩主。アメリカとの通商条約締結案をまとめるも、勅許を得られず。将軍継嗣問題では中間派となり、井伊直弼により罷免された。

＊K **勅許**
天皇の許し。

＊L **孝明天皇**
一八三一〜一八六六（在位一八四六〜一八六六）攘夷に傾き、通商条約の締結を拒絶。のちに攘夷の方針を放棄。

＊M **一橋慶喜**
一八三七〜一九一三　徳川斉昭の子。将軍継嗣問題では一橋派の将軍候補として擁立されるが、敗れる。十四代・家茂の死後、十五代将軍に。一八六七年、大政奉還を行う。

＊N **徳川慶福**
一八四六〜一八六六　紀州藩主。将軍継嗣問題で南紀派の候補として擁立。十四代将軍・家茂となるも、若くして病没。

＊O **譜代大名**
関ケ原の戦い以前から将軍家に仕える大名。

＊P **（徳川）吉宗**
一六八四〜一七五一　江戸幕府八代将軍。紀伊藩出身。徳川宗家の跡継ぎが途絶えたため、御三家より選ばれ将軍となった。

＊Q **大老**
江戸幕府の臨時の役職。老中の上位。井伊を含め、四家・十二名しか任命されていない。

＊R **井伊直弼**
一八一五〜一八六〇　彦根藩主。江戸幕府大老。老中未経験ながらいきなり大老に起用され、日米修好通商条約の締結を断行。

第三章

留魂

吉田松陰　二十八～二十九歳の言葉

26 農民兵に至るまで一定の訓練をすれば、強力な軍団ができる！

今大略を以《もっ》て云《い》はば、大番士中三十人を選んで大に歩兵を精錬させ、是《こ》れを師長として足軽以下農兵に至るまで一統教演せしむべし。是《か》くの如《ごと》くなれば不日に精兵となるべきなり。（西洋歩兵論　安政五年）

■現代訳■　簡単に説明すると、大番士の中から三十人を選んで歩兵を鍛えさせ、これを師長として、足軽以下の農兵に至るまで、同じ訓練を積ませる。そうすれば、すぐに強力な兵士となるはずだ。

西洋に勝つための戦力論

松陰がまとめた『西洋歩兵論』の中にある言葉。論文の内容は、西洋に勝つための戦力論である。従来の兵法にとらわれず、足軽農民の登用など、斬新な手法を説いている。

兵力育成の方法は、上の精鋭が下の者を訓練し、育った精鋭がさらに下の者を精鋭に育てるというもの。これを末端まで行うことで、時をおかず精鋭部隊が生まれるという。

西洋の戦力は、組織化された歩兵が中心。松陰は「兵は正を以て合ひ、奇を以て勝つ」と孫子《そんし》（＊1）の言葉を引用する。日本は「正」に当たる組織された歩兵で相手と対等に戦い、「奇」に当たる精悍剛毅《せいかんごうき》な足軽農民兵による裏技で勝つべし、と。

特に「奇」にあたる兵力は、わが国の得手を生かした、千変万化の戦い方が特徴。この「奇」の考えは松陰の死後、門下生の高杉晋作《たかすぎしんさく》が奇兵隊を組織する拠りどころの一つとなっていく。

第三章

27 外に媚び、内を脅かす者は、「天下の賊《ぞく》」である。

いま征夷《せいい》は国患を養ひ、国辱《こくじょく》を貽《のこ》し、而《しか》して天勅《てんちょく》に反《そむ》き、外、夷狄《いてき》を引き、内、諸侯を威《おど》す。然《しか》らば則《すなわ》ち陶《すえ》なる者は一国の賊なり、征夷は天下の賊なり。（戊《ぼ》午幽室文稿《ごゆうしつぶんこう》　安政五年）

■現代訳■　今や徳川は、国家の問題を養い、国辱の種をまき、朝廷の命令に背いて、外においては外国に媚び、内においては諸大名を脅している。陶晴賢《すえはるかた》のような者は長州一国の賊だが、徳川は、天下の賊である。

無勅許調印《むちょっきょちょういん》に憤激

安政五（一八五八）年、幕府が朝廷の許しを得ないまま日米修好通商条約を結ぶと、松陰の怒りは頂点に達する。

その憤激ぶりは、『戊午幽室文稿』（＊2）に生々しくつづられている。今や、「征夷（徳川）」は朝廷をないがしろにし、列強におもねる「天下の賊」である、と。

文中、「陶」という文字が出てくるが、これは戦国時代、主君・大内氏《おおうち》（＊3）を討ち下剋上《げこくじょう》を達成した中国地方の戦国武将・陶晴賢を指している。今の徳川を、主君を裏切った晴賢になぞらえているのだ。また、この一文の前後には、のちに陶を討ち長州・毛利家の礎を築いた毛利元就《もとなり》（＊4）の名も見られる。

松陰は通商条約締結に際し、藩に多数の意見書を提出している。賊将・陶晴賢を討った藩祖・元就のごとく、幕府を討つべし――長州が「倒幕」の先頭に立つべきことを、鮮明に打ち出している。

28 民から立ち上がる人を望む以外に、未来の希望はない。

今の幕府も諸侯も最早酔人なれば扶持《ふち》の術《すべ》なし。草莽崛起《そうもうくっき》の人を望む外《ほか》頼みなし。（北山安世《きたやまやすよ》への手紙　安政六年）

■現代訳■　今や、幕府も諸大名も、酔っぱらいも同然で、救いようがない。草の根の民の中から、立ち上がる人を望む以外に方法はない。

在野《ざいや》の人材に期待

「草莽」は『孟子《もうし》』においては草木の間に潜む隠者を指し、転じて一般大衆を指す。「崛起」は一斉に立ち上がること。草莽崛起で「在野の人よ、立ち上がれ」となる。松陰が安政の大獄で収監される直前、友人の北山安世（＊5）に宛てて書いた書簡中の言葉である。

書簡で松陰は、欧米諸国を制することは、徳川幕府にはできない。幕府が存在するうちは、アメリカ、イギリス、ロシア、オランダ、フランスなどに、思うがままにされると危機感を訴える。

そして幕府の役人というものは、何不自由ない生活に慣れた、ものを知らない馬鹿者のみと罵倒。失うもののない在野の志士や民衆だけが、欧米諸国を制する最後のよりどころであり、草莽の崛起を望む以外、未来への希望はないと断じたのである。

さらに「草莽崛起の力を以て、近くは本藩を維持し、遠くは天朝の中興を補佐し奉れば、神州《しんしゅう》（＊6）の大功ある人と云ふべし」と記している。

＊1 **孫子**
中国春秋時代の思想家・孫武の尊称、またはその著書。兵学に関する多くの書物があり、組織戦の兵法が特徴。松陰にも孫子に関する著書『孫子評注』がある。

＊2 **戊午幽室文稿**
幽閉中の松陰の著述のうち、干支で戊午の年にあたる安政五年（日米修好通商条約締結の年）に書かれたものを門下生たちがまとめたもの。文稿とは短い著述集のこと。

＊3 **大内氏**
周防国（現在の山口県）の戦国大名。重臣であった陶晴賢の謀反にあい、衰退。程なく滅亡した。

＊4 **毛利元就**
一四九七〜一五七一　中国地方の戦国大名。陶晴賢を破り勢力を拡張。中国地方の広範囲を手中に収めた。

＊5 **北山安世**
松陰が師と仰ぐ佐久間象山の甥で、江戸遊学以来の友人。長崎で蘭学を学んだ外国通の友に、西欧諸国の外圧による日本の危機を訴える。

＊6 **神州**
「神の国」を意味する語で、日本のことを「神である天皇が治める国」あるいは「神々の宿る国」という意味合いでたとえる。

◆通商条約をめぐる幕府と松陰

井伊直弼（＊A）の通商条約に対する考えは、外国と戦って鎖国を守ることが不可能であれば、当面は開国せざるを得ないというものであった。しかしその場合も勅許《ちょっきょ》（＊B）は不可欠と考えていた。勅許を得られない以上、井伊も調印に踏み切ることはできない。

しかし、ハリスの強硬な態度と、アロー戦争で清国を屈服させ、不平等な天津《てんしん》条約（＊C）を締結させた英仏連合軍の脅威を前にして、井伊はついに決断する。天皇の勅許を得ることなく安政五（一八五八）年六月、日米修好通商条約の調印を断行した。

一方、松下村塾において門下生との議論、幕政を諫《いさ》める意見書を繰り返す松陰は、幕府の無勅許調印に怒り、倒幕への主張を鮮明にしていく。

無勅許調印に憤激

弟子からの手紙で、松陰が通商条約の無勅許調印を知ったのは、安政五年七月のことであった。これに憤激した松陰は、その月のうちに「大義を議す」（『戊午幽室文稿』）という一文をまとめ、長州藩に意見する。

「アメリカの謀《はか》りごとは神州の患《かん》たること明白」「これ徳川将軍の罪にして許すべからず」「大義に準じて討滅誅戮《とうめつちゅうりく》（＊D）すべき」と倒幕の考えを明確に打ち出し、長州藩がその先駆けとなるよう訴えている。

開明的な思想家・佐久間象山を師と仰ぐ松陰は、将来日本が開国し貿易により発展することに異論を持っていたわけではない。松陰の尊王攘夷とは、外圧をはねつけ、尊王に基づく富国強兵を進めることであり、そのための幕政改革であった。列強が日本を対等な国として認めるようになった段階で、日本の側から交易を求めようという考え方であった。

松陰を憤激させたのは、外国の圧力により調印させられた幕府の弱腰であり、それを勅許なく強行したことであった。もはや幕府に期待するものは何もない。松陰が老中・間部《まなべ》詮勝《あきかつ》（＊E）の暗殺計画に動き出すのは、その年の十一月のことである。

安政五年七月、水戸藩浪士らに井伊直弼暗殺計画があることを知った松陰は、井伊の意志を受け指揮を執る老中・間部詮勝の暗殺を計画する。十一月、そのための願い書を長州藩の重臣に差し出した。内容は、間部暗殺のために武器、弾薬を提供してもらいたいというものだ。さらに萩の門下生に呼びかけ、暗殺のための組織を作った。

「松陰の学術、不純にして人心を動揺す。ゆるすべからず」と藩は過激な言動を抑えようと、松陰を再び野山獄へ幽閉し、松下村塾を閉鎖してしまう。松陰の主宰する松下村塾は終わりを告げたのである。

頼みとするのは「草莽崛起《そうもうくっき》」

しかし松陰の行動は、これで終わらない。年が明けると「伏見要駕策《ふしみようがのさく》」を立ち上げる。参勤交代《さんきんこうたい》途上の藩主の駕籠《かご》を待ち受け、革新派の公卿《くぎょう》（＊F）とともに京都へ入り幕府批判の勅書を手に入れ、幕府の改革を進めようという策である。しかし実現性に乏しい計画のためか、門下生の多くは動かず、頓挫《とんざ》してしまった。藩ばかりか弟子たちも背を向け始めた孤立感の中で、松陰は在野の人材に期待する「草莽崛起論」を唱える。

佐久間象山の甥、北山安世に宛てた手紙で「ナポレオンを起こしてフレーヘード（自由）を唱えねば怒りは収まらない」「幕府も諸侯ももはや酔人で、頼みにならない」「草莽崛起の人を望むしかない」と強い口調で訴えるのである。

さらに「ハリスは虚言が多い。しかし、こけおどしなら幸いだ。それを逐一実現すると神州実に危うし」と続ける。そして今のままでは日本が沈むことは間違いないと、危機感を告げて結んでいる。

不平等条約

日米修好通商条約は、関税自主権と領事裁判権に関し、決定的に不利な条件を飲まされた不平等条約だった。

十四カ条からなるこの条約の骨子は以下のとおり。

（1）日米和親条約で開港した下田《しもだ》、箱館《はこだて》（現在の函館）のほかに神奈川、長崎、新潟、兵庫を開港し、江戸、大阪を開市する。

（2）通商は自由貿易とする。

（3）開港場に居留地（＊G）を設け、一般外国人の国内旅行を禁じる。

（4）関税について日本に税率の決定権（関税自主権）がなく、相互で協定して決める協定関税とする。

（5）日本に滞在する自国民への領事裁判権（治外法権）を認める。

日米和親条約（＊H）の「開港」は、食料など欠乏品の補給を意味していたが、ここでの「開港」「開市」は、それぞれ指定地での商業活動の保証と、旅宿の保証を指している。和親条約に比べ、修好通商条約は貿易の自由化へ大きく踏み込んでいる。和親条約での開国を半開とすれば、修好通商条約の調印で全開となるわけだ。

また輸出入品に対し独自に課税する権利である関税自主権を失ったことにより、外国との取引で不利な条件を強いられ、その後長い間、外国からの安い製品の流入に国内産業が苦しめられることになる。さらに条約を結んだ相手国の国民が居留地内で罪を犯した場合、相手国の領事がその国の法律に則って裁判を行う領事裁判権を認め、日本の法律で裁くことができないという屈辱的な内容だったのである。

幕府は勅許を得ることなく、この条約に独断で調印。その年のうちにオランダ、ロシア、イギリス、フランスとも同様の不平等条約を結ばされた。これらを総称して「安政の五カ国条約」と呼ぶ。

なお開港地に関しては、その後変更もある。日米和親条約で開港した下田港は、神奈川に港を開いたあと閉鎖。険しい天城山をひかえ貿易港としては不便だったためである。

その神奈川も東海道に近いことから横浜に変更。これは外国人と日本人との接触によるトラブルを警戒した幕府の意向であった。兵庫の開港も、京都に近いことから朝廷が強硬に反対した。そのため当初開港の対象としていた兵庫津（＊1）ではなく、新たに神戸を開港することになる。

＊A 井伊直弼
↓P119参照

＊B 勅許
天皇の許可。

＊C 天津条約
英仏連合軍と清が戦ったアロー戦争で、連合軍が天津を制圧。そのときに結ばれた条約で、英仏への多額な賠償金、貿易の自由、治外法権などを認めた不平等条約。イギリス、フランス、ロシア、アメリカと清との間で締結された。

＊D 討滅誅戮
武力によって打ち倒すことを表現する激しい言葉。

＊E 間部詮勝
一八〇四〜一八八四　幕末の老中。安政の大獄で指揮をとる。

＊F 公卿
一定の官位以上の役人で、天皇の近くに仕え特に身分の高い者。

＊G 居留地
政府が外国人の居留および交易区域として定めた地域。近代日本では、日米修好通商条約などの条約により開港場に居留地を設置することが決められた。

＊H 日米和親条約
↓P70参照

＊I 兵庫津
江戸時代に兵庫津と呼ばれ、西国各地から大坂に入る船舶の寄港地として賑わった。幕末開国時に神戸港が外国船の停泊地に指定され、兵庫津は海運拠点としての地位を神戸港に譲る。神戸港よりも、やや京都に近い。

29 謀略とは、「ない」のに「ある」かのように振る舞うことだ。

権謀《けんぼう》と申すは実は無策なれど策ある貌《かお》をし、直言極論《ちょくげんきょくろん》はせざれども直論貌《ちょくろんかお》をすることなり。（入江杉蔵への手紙　安政六年）

■現代訳■　謀略というものは、何の策もないのに、あるような顔をし、直接話すようなことはしないが、そのように振る舞うことである。

愛弟子に権謀論《けんぼうろん》を授ける

安政五（一八五八）年、再び野山獄の人となった松陰。牢囚の身のもどかしさもあるのだろう、間部詮勝《まなべあきかつ》暗殺計画に反対した高杉、久坂らに腹を立て、いら立ちを募らせる。松陰に自重を求めようとする彼らの態度が、裏切りとさえ感じられる。しかし晩年の愛弟子・入江杉蔵（＊1）は、敬愛する松陰の意見に素直に耳を傾ける。そんな入江宛の書簡中の言葉である。

いろいろな弟子たちの名を挙げ、寸評を加える。そのうちの未熟な弟子のふるまいを案じ、「権謀と申すは……」と続ける。権謀の心得のようでもあり、策があるかのような顔をしている弟子たちへの苛立《いらだ》ちのようでもある。

また権謀論を授けておきながら、「自分は愚人なので権謀のある人を大いに恐れる」と、その前後の言葉で打ち明けてしまう。最も安心できる愛弟子相手とはいえ、獄中の松陰は純粋さを隠せない。

30 日本の未来のために、自分は国や主君に尽くす!

江戸居の諸友、久坂・中谷・高杉なども皆僕《ぼく》と所見違ふなり。其《そ》の分れる所は、僕は忠義をする積《つも》り、諸友は功業をなす積り。（宛先不明の手紙　安政六年）

■現代訳■　江戸にいる弟子の久坂玄瑞、中谷正亮、高杉晋作などは、私とは考え方が違う。その違いというのは、私が国や主君に尽くすつもりであるのに対し、彼ら弟子たちは、手柄を得るつもりでいることだ。

過激な言動を諫められる

安政六（一八五九）年の書簡にある文面。誰に宛てたかは分からない。「某宛」となっている。門下生たちは、松陰の過激な言動を諫める。中には藩に計画を「密告」した弟子もいた。たび重なる弟子の諫めに対して、松陰が言い放った言葉。門下の高杉晋作、久坂玄瑞らを名指しで批判したのだ。

松陰の言う「忠義」「功業」の先にあるものを感情論抜きで見ると、「日本の未来」「現実の政局」だろうか。松陰が「功業」と呼ぶ江戸の門下生たちの活動。彼らにしてみれば、めまぐるしく変わる政局の中で、長州藩が生き残るため忠義をしているのかもしれない。

しかし松陰の忠義は、すでに藩を超えている。野山獄で囚人から「二度と日の目を見ないかもしれないのに、学んで何の意味があるのか」と問われ、こう答える。「絶望時の読書こそ真の読書だ」。どんなときでも、誰よりも遠くを見据える松陰のまなざしは揺るがない。

31 饒舌な人こそ、大事なときには黙り込む。

平時喋々《ちょうちょう》たるは事に臨んで必ず唖《あ》。
平時炎々《えんえん》たるは事に臨んで必ず滅す。（諸友宛書簡　安政六年）

■現代訳■　普段からおしゃべりな人は、大事なところでは必ず黙り込んでしまう。また、いつも血気盛んな人は、ここぞというところでは意気消沈してしまうものだ。

饒舌な人間は信用しない

「諸友宛」とした、複数の門下生宛の書簡にある言葉。

身の回りでよく見かけるタイプの一つだ。普段から自分をアピールすることにたけ、弁舌巧み。しかし大事なときにうろたえてしまい、黙り込み、期待を裏切る。

何もない日常では、ほとんど用事のあることしか話さず、話すときは明るく穏やかに。そんな人間の方が、いざというときに目を見張る活躍をする。

松陰自身は、平時は言動を慎み、謙虚な姿勢と控えめな話し方を常とした。理想とするのは、明るく慎ましい、品のある女性のような話し方だった。例えば松陰が重用した久坂玄端も、そうしたタイプだったといわれる。

普段から饒舌《じょうぜつ》で弁舌巧みな人間は、才能があっても用いることはなかったようだ。

32 読書は人の心を変える。何と恐ろしいものか。

読書最も能《よ》く人を移す。畏《おそ》るべきかな書や。（野《の》村《むら》和《わ》作《さく》への手紙　安政六年）

■現代訳■　読書は、最もよく人の心を変化させるものである。読書とは、何と恐ろしいものだろうか。

獄中で読書三昧

野村和作（＊2）に宛てた書簡にある言葉。松陰は大量の書物を読破し、その抄録《しょうろく》を作成した。特にそれが活発になるのは、ペリー艦隊への密航の罪で投ぜられた獄中であった。

松陰はそれを、明倫館以来の弟子・桂小五郎（＊3）に宛てた書簡では「首を図書に埋め、天下の至楽《しらく》」と伝えた。読書の詳細は、足かけ四年の『野山獄読書記』に明らかで、歴史、哲学、地理、兵学、医学など様々な分野にわたり千四百六十点という膨大な資料が記されている。

また『講孟余話《こうもうよわ》』では「凡《およ》そ読書の功は昼夜を舎《す》てず、寸陰を惜しみて是《こ》れを励むに非《あら》ざれば、その功を見ることなし」と、読み方にも触れている。

読書は人を変える。多くの人がそれを経験する。しかし「畏るべき」と歎《たん》ずるほどに実感するのは、この圧巻の読書量と無比の集中力の故《ゆえ》ではないか。

＊1　**入江杉蔵**

↓P118参照

＊2　野村和作（靖）

松下村塾の門下生。同じ門下生の入江杉蔵は兄。長男の杉蔵が入江家を継ぎ、次男の和作は養子となり野村姓を名乗る。間部詮勝暗殺計画にも兄とともに参画した。

＊3　桂小五郎（木戸孝允）

一八三三〜一八七七　長州藩士。明倫館で松陰に学ぶ。松陰の死後、長州藩の実権を握る。

◆通商条約がもたらした混乱

日米修好通商条約の調印を強行した井伊直弼は、一橋《ひとつばし》派と南紀《なんき》派とが対立した将軍継嗣《けいし》問題も、南紀派路線で強引に決着させる。しかし、井伊の一橋派への苛烈《かれつ》な処分は禍根《かこん》を残し、その後の安政の大獄の火種となる。

日米修好通商条約の締結により諸外国との貿易が盛んになり、横浜のように国際的な貿易港として発展するところも現れたが、一方では国内での品物不足、流通機構の崩壊、物価の高騰など、様々な弊害をもたらし、攘夷の活動を広げる結果となった。

将軍継嗣問題の強引な決着

井伊直弼は、通商条約調印を強行するとともに、子を得ない十三代将軍・徳川家定の継嗣問題も決着させた。しかし一橋派は、この条約締結を井伊の失脚に結び付け、継嗣問題を白紙に戻そうと考えた。一橋派の藩主たちに加え一橋慶喜本人も相次いで江戸城に登城し、条約調印は天皇の意に反していると詰め寄った。

これに対し井伊は、決められた登城日ではないのに勝手に登城したという理由で、藩主たちに厳しい処分を科す。一橋慶喜も登城禁止、中間派の老中・堀田正睦《ほったまさよし》も罷免《ひめん》となった。これにより一橋派は沈黙。井伊の独裁体制が整い、家定の跡継ぎは、南紀派が推す慶福《よしとみ》とすることに決まった。

安政五（一八五八）年、家定が死去。慶福が十四代将軍となり、名を徳川家茂《いえもち》と改めた。こうして将軍継嗣問題は南紀派の勝利で決着したが、一橋慶喜の擁立に動いた大名や協力者たちは、敗北によるわが身への危機感と、井伊直弼への怨恨を深めることになる。

国際貿易港へ変貌する横浜

日米修好通商条約に基づき、安政六（一八五九）年に横浜、長崎、箱館が開港。この三港から貿易が始まった。

相手国はイギリスが圧倒的で、次いでフランスだった。最初に条約を結んだアメリカが、南北戦争に突入したためだ。

取引の場所は外国人居留地。外国商人と日本商人との間で、銀貨を用いて行われた。輸出入額は横浜が圧倒的に多く、輸出額のほぼ八割、輸入額の半分以上を占めた。

貿易の中心となった横浜だが、当初人口四百人に満たない小さな村だった。しかし貿易港として整備されると、列国の商人たちは横浜に住み始めた。新しい外国商館が次々と建てられ、横浜の港は、またたく間に国際的な貿易港へと変貌を遂げた。

圧迫される国内産業

取引された品物の内訳を見ると、日本からの輸出品は生糸、茶、蚕卵紙《さんらんし》（＊A）、海産物などの農水産物やその加工品が中心だった。一方、輸入品は毛織物、綿織物などの繊維工業製品や鉄砲、艦船などの軍需品が多くを占めていた。

貿易が増えたことで開港地が発展する一方、国内経済には大きな混乱がもたらされた。増え続ける輸出に生糸の生産が追いつかず、国内で消費する生糸が不足した。さらに輸出に伴う生糸の生産は増えたものの、機械で生産された安価な綿織物の大量輸入が、農村で発達した手紡《てつむぎ》や綿織物業（＊B）を圧迫していった。

流通機構の崩壊が混乱に拍車

流通機構の崩壊も混乱に拍車をかけた。それまで国内の商品はいったん大坂や江戸の問屋《といや》に運ばれ、そこから全国へ送られるという商取引の流れができていた。しかし自由貿易となり、輸出品を取り扱う地方の商人が、問屋を通さず品物を直接横浜へ送るようになった。

流通の変化は国内経済にも波及し、大坂や江戸の問屋を介してきた流れがすっかり変わってしまった。流通機構の崩壊は、さらに米や醤油などの品不足をもたらし、物価が急騰した。

これに対し幕府は、物価の抑制をめざし貿易の統制をはかった。万延元（一八六〇）年に五品江戸廻送令《ごひんえどかいそうれい》を出し、生活に密着する雑穀、水油《みずあぶら》、蝋《ろう》、呉服、生糸の五品目についていては、いったん江戸の問屋を通して輸出するように命じた。地方から直接貿易港へ送ることを禁じたのだ。しかし、列国からは自由貿易を妨げるものと批判され、輸出品を取り扱ってきた地方商人からも反発があり、効果は上がらなかった。

物価急騰が庶民の生活を圧迫

さらに日本から金が大量に流出したことも、経済混乱の大きな要因となった。

当時、日本の金は外国に比べ銀との交換比率が三倍高かった。そのため外国商人が日本へ銀を持ち込み、有利な条件で交換した金、つまり小判を大量に国外に持ち出し、巨額の差益を手に入れていた。

幕府は、これを防ぐため万延元年、小判に含まれる金の量を少なくし、サイズも落とす万延貨幣改鋳《かいちゅう》を行った。しかし、そのために小判の価値が下がり、物価高騰に拍車をかけてしまい、庶民の生活がますます圧迫されることになった。

第三章

経済の混乱で高まる「日本」意識

屈辱的な条約の締結と、それがもたらす経済の混乱は、列強の進出に対する危機感と幕府への失望を増幅させた。そして外国人殺傷事件や一揆、打ちこわしが多発するようになった。

万延元年、ハリスの通訳ヒュースケンが薩摩藩浪士に殺され、文久二（一八六二）年には、横浜の生麦《なまむぎ》で薩摩藩の島津久光《しまづひさみつ》の行列を横切ったイギリス人が殺傷される生麦事件（＊C）が起きた。さらに品川御殿山に建築中だったイギリス公使館が高杉晋作、久坂玄瑞、井上馨《かおる》、伊藤博文、品川弥二郎ら長州藩士たちに襲撃される事件などが続いた。

高まる外国人排斥の気運は、やがて若い志士たちを尊王攘夷運動に走らせることになる。また志士たちが「藩」ではなく「日本」を強く意識するようになり、倒幕運動へつながっていくことにもなった。

＊A 蚕卵紙

蚕のメスに粘着性のある台紙の上で卵を産み付けさせた後で、余分な糊を洗い落とし、自然乾燥させてつくる用紙。幕末に欧米への輸出が盛んだった。

＊B 手紡や綿織物業

江戸時代までの綿糸は手紡によって生産され、農家の貴重な現金収入源だった。開港後、イギリス品を中心とする良質で安い綿や綿織物が輸入されるようになり、綿糸の手紡は衰退した。

＊C 生麦事件

薩摩藩主の父・島津久光が江戸からの帰国途中、横浜の生麦村を通過した際、行列に馬で乗り入れた上海のイギリス商人ら４人を殺傷した事件。

33 他人の批評はどうであれ、ありのままに生き抜く。

義卿《ぎきょう》は命が惜しいか、腹が決まらぬか、学問が進んだか、忠孝の心が薄く成ったか、他人の評は何ともあれ、自然と決めた。（入江《いりえ》杉蔵《すぎぞう》宛ての手紙　安政六年）

■現代訳■「松陰は命が惜しくなったのか、腹が決まらないのか、学問が進んだのか、忠孝の心が薄くなったか」といった他人の批評はどうであれ、私は自然なままに生きることを決めたのだ。

死出の旅路を前に、「ありのままに」

安政六（一八五九）年四月二十二日ごろ、野山獄から、弟子の入江杉蔵に送った手紙の中の一節。

入江は、幕府の通商条約締結以降、過激になっていく松陰の言動に多くの弟子たちが辟易する中で、間部詮勝《まなべあきかつ》暗殺計画にも賛同するなど、松陰の行動に従ってきた。この書簡冒頭、松陰は、自分と行動をともにしてくれた入江に対して「あまり怒り過ぎると、腹も立たないようになる」と語りかけている。

そして、「みずから死を求めることも、死から逃げることもしない。獄舎の中でできることをするし、獄舎から出られたなら、外でできることをする」と続ける。獄中での自害を考えたこともあったが、最後には「ありのままで」を受け入れる境地に達したのである。

幕府から長州藩に対して、松陰の身柄引渡しが命じられたのは、この手紙が書かれた数日後のことである。

34 命は国家に預けた。生きるも死ぬも、忠誠を尽くす。

人は狂頑《きょうがん》と譏《そし》り、郷党衆《おお》く容《い》れず、身は家國に許し、死生　吾《われ》久しく斉《ととの》うせり。

（肖像画への自賛　安政六年）

■現代訳■　人々は私を頑固者と非難して、受け容れてくれないが、命は国家にささげており、死ぬも生きるも、忠誠に変わりはない。

肖像画に覚悟を記す

松陰の肖像画が描かれた掛け軸に添えられた辞である。中国の伝説的忠臣と比べ遠く及ばぬわが身を振り返りつつ、国にささげた忠誠の心は変わらず、至誠《しせい》を尽くして幕府に所信を披歴《ひれき》する覚悟を記す。

松陰がこれを書いたのは、安政の大獄のさなかである。江戸送りの命令が下された松陰は、むしろ命をかけ幕政を正す好機ととらえる。本来であれば微罪にさえならないはずの取り調べの場で、松陰は幕政批判を展開する。そして、みずから老中暗殺計画を打ち明けてしまい、死罪となる。

周囲も不吉な予感のうちに、無意識に死出の旅への準備を進めていたのだろうか。折しも江戸から帰国していた久坂玄瑞が、絵心のある松浦松洞《まつうらしょうどう》をうながして松陰の肖像を描かせる。松陰もまた快くこれに応じ、求めにより門弟たちのために、自賛（＊1）する。現在、七枚が残されている。その賛はほぼ同文だ。

第三章

35 帰っては来られないと思い定めた死出の旅に、涙が止まらない。

帰らじと思ひさだめし旅なればひとしほぬるる涙松かな（涙松集《るいしょうしゅう》　安政六年）

■現代訳■　もう、帰っては来ないだろうと思いを定めた旅だからか、いっそう涙が流れてしまう。

故郷・萩に別れを告げる

安政六年五月二十五日、松陰は、江戸に向かって萩を発つ。

出立の前夜、野山獄の福川犀之助《ふくかわさいのすけ》（*2）という牢番の好意で、松陰は実家である杉家への帰宅を許された。松陰は風呂で、母・滝《たき》に背中を流してもらいながら、江戸から帰ってくる約束をしたといわれている。

半年ぶりの実家で、家族や友人、門下生たちとの時間を過ごした松陰は、翌朝、護送の駕籠《かご》の中から眼下に萩の城下町を眺めながら、この一首を詠んだ。

萩から山口方面に向かう街道の松並木は、「涙松《なみだまつ》」（*3）と呼ばれていた。萩から旅立つ者にとって、城下町を見渡せる場所は、ここが最後となる。松並木の間に見え隠れする城下を見下ろし、旅人が別れの涙を流す場所――という由来である。

母と再会の約束を交わす一方で松陰には、この出立が生きては帰れない死出の旅路であるという予感があったのではないだろうか。

第三章

36 名前を残せたら、いつ死んでもよい。

死して不朽《ふきゅう》の見込みあらばいつでも死ぬべし。生きて大業の見込みあらばいつでも生くべし。（高杉晋作への手紙　安政六年）

■現代訳■　後の世まで名前が残るようなことができたなら、いつ死んでもよい。生きて大きな仕事を果たす見込みがあるなら、生き続ければよい。

大切なのは志の有無

松陰が高杉晋作にしたためた書簡の一文である。以前、高杉が「男子たる者の死」について松陰に質問したことがある。獄中で松陰自身も、その答えを探し続けた。そして得られた答えを、高杉に宛てた。

松陰は以下のように手紙で答える。「不朽の見込み」があるならば、死は恐れるものではない、また憎むものでもない、と。そして、生きて大業を為す見込みがあるのなら、いつまでも生きるべし。死して不朽の見込みがあるのなら、いつどこで死んでもよし。大切なのは肉体の生死ではなく、志の有無だと説くのである。獄中にいた松陰を、高杉ら門下生たちが、命をかけて助け出そうとしていた時であった。

刑死した松陰の魂は弟子たちに受け継がれ、不朽のものとなった。命がけの救出をあきらめ、生き延びることを選択した高杉は、奇兵隊をつくり新しい時代の礎を築くという不朽の大業を成し遂げた。

37 大和魂は、この世に置いていく！

身はたとひ武蔵《むさし》の野辺に朽《く》ちぬとも留め置かまし大和魂（留魂録《りゅうこんろく》　安政六年）

■現代訳■　私の命がこの武蔵野で終わることになっても、この世に遺しておきたいものは私の魂である大和魂である。

処刑を目前にしても揺るがぬ大和魂

処刑の前日、松陰が門下生たちに向けて書き上げた絶筆『留魂録』（＊4）の冒頭に掲げたのが、この句である。

松陰がこの世に留めようとする魂は、日本という国への愛と矜持であった。欧米列強の圧力と幕府の権威失墜という国難の中で、若い志士たちを新しい時代に向け鼓舞し続けた松陰の、それは斬首という極刑を目前にしても揺らぐことのない魂の教えであった。

松陰は『留魂録』の中で、自らの死生観を四季にたとえている。「今日、死を覚悟して騒がない心は、種まきから実りに至る四季の循環において得るところがあったからだ」。自分には三十歳の四季が備わっていると松陰は言う。

松陰が三十年という短い「四季」の間まき続けた種は、松下村塾の門下生を始め、多くの志士たちに受け継がれていく。そしてそれは、新しい国づくりという形で結実していくのである。

38

子が親を思う心以上に、親が子を思う心は深い。

親思ふこころにまさる親ごころ
けふの音づれ何ときくらん　（永訣《えいけつ》の書　安政六年）

■現代訳■　子が親を思っている以上に深く、親は子のことを思っている。今日、自分が死ぬことを知った親は、どう思うのだろうか。

父母に遺書を残す

『留魂録』が弟子たちに宛てたものであったのに対して、こちらは父、兄、叔父宛の書簡で、「永訣の書」とよばれている。安政六年十月、刑死を前にして書簡に添えた和歌だ。

松陰は、父母から授かった体を大切にし、父母の名を高める「孝」の精神を誰よりも大切にしていた。しかし、その一方で尊王攘夷、倒幕の志から、脱藩、海外渡航未遂、老中暗殺計画と、家族まで罪に問われる行為を重ねてきた。実際、家族が処分を受けたこともある。

天下への忠義と親への孝。心はどちらも大切にしながら、行いはどちらかを選択しなければならないこともある。それでも家族が松陰に寄せる思いが変わることはなかった。松陰が野山獄に送られるとき、子の志を信じる父・百合之助《ゆりのすけ》は「気にかけることはない」と、むしろ励ます。

『留魂録』に強い言葉を重ねた一方、親を思う心にまさる親心を感じて、胸を痛めながら、死のときを迎えたのではないだろうか。

＊1　自賛
「賛」は、絵に書き添える言葉。「自賛」は、自分の絵に賛をかくこと。

＊2　福川犀之助
福川は松陰が最初に野山獄に繋がれた折には、勉強会に対して理解を示し、弟子入りまでしている。最後の帰宅が許されたのも、福川の独断であったといわれている。

＊3　涙松
現在の萩市椿。松陰の歌碑が建てられている。

＊4　留魂録
江戸伝馬町の牢の中で、松陰が四つ折りの半紙十枚にびっしりと書き込んだ直筆の遺書。留魂とは、死んでも魂を留めるという意味。門下生たちに向け、自らの思想、教えなどを伝える内容となっている。

◆安政の大獄

日米修好通商条約の調印を批判し、攘夷の決行を指示する勅諚《ちょくじょう》（天皇の命令）が、朝廷から水戸藩へ下った。幕府の頭越しの密勅であった。

朝廷が水戸藩と組んで幕府転覆を狙っていると考えた井伊直弼は、安政五（一八五八）年から六年にかけ、反幕府勢力の一掃を目指し、厳しい弾圧を行った。いわゆる安政の大獄である。

大弾圧の嵐は、吉田松陰のもとにも迫る。

戊午の密勅《みっちょく》

幕府が独断で行った日米修好通商条約の調印は、孝明天皇や公家たちの怒りを招いた。朝廷内では幕府や井伊に対する不信感が高まる。また将軍継嗣問題で敗れた前水戸藩主の徳川斉昭、越前藩主の松平慶永ら一橋派の大名や、開国に納得しない尊王攘夷派の志士たちは、井伊への反発を強めていく。

朝廷は、尊王攘夷の総本山とみなされていた水戸藩の鵜飼吉左衛門《うがいきちざえもん》（＊A）を呼び出し、勅諚を伝える。さらに御三家や諸藩にも回覧させようと、はかった。勅諚は、日米修好通商条約の締結を「軽率の取り計らい」と批判。さらに「公武（朝廷と武士）合体に努め、攘夷を行え」と命じるものであった。

これは天皇による幕政への介入である。しかも幕府を通すことなく直接藩に勅諚が下されるのは、幕府にとって、あってはならないことだ。安政五年の干支《えと》、戊午《ぼご》（＊B）から「戊午の密勅」と呼ばれるこの勅諚を井伊は許さなかった。朝廷が水戸藩と組んで、幕府の転覆を狙っていると受け止めたのである。これを契機に尊王攘夷派を徹底排除するため、のちに安政の大獄と呼ばれる大弾圧に突き進むことになる。

処分者は百名以上

安政五（一八五八）年、幕府は小浜《おばま》藩士で儒学者の梅田雲浜《うめだうんぴん》（＊C）を戊午の密勅事件に関与した疑いで捕えた。梅田は尊王攘夷派の一人だ。

これが、安政の大獄の始まりであった。

井伊は密勅に関わった者や、将軍継嗣問題で政敵に回った者など公家、大名、浪人に至るまで洗い出し、容赦なく処分した。大名では前水戸藩主の徳川斉昭に永蟄居《えいちっきょ》（＊D）を命じた。斉昭はのちに十五代将軍となる一橋慶喜の実父である。その慶喜も将軍継嗣問題で井伊と対立したことから引退・謹慎の処分を受ける。大名の処分は六名に及ぶ。

密勅が下された水戸藩（＊E）に対する追及は、苛烈《かれつ》を極めた。死罪は八名、獄死・自殺者は十名を数えるが、死罪の半分は水戸藩の者であった。水戸藩家老の安島帯刀《あじまたてわき》（＊F）は切腹。勅諚を伝えた水戸藩京都留守居役の鵜飼吉左衛門は死罪。水戸藩文官の茅根伊予之介《ちのねいよのすけ》、水戸藩士の鵜飼幸吉《こうきち》も死罪となった。

朝廷工作に関与した薩摩藩主・島津斉彬《なりあきら》の右腕として京都などで活動した西郷隆盛は、協力者だった僧・月照《げっしょう》（＊G）とともに京を脱出。幕府の追及から逃れた。

しかし、尊敬する藩主・斉彬の死や、幕府の追及を恐れた薩摩藩による月照追放の動きなどに絶望し、月照とともに鹿児島の錦江湾《きんこう》に身を投げた。しかし月照だけが命を落とし、西郷は息を吹き返した。その後、西郷は奄美《あまみ》大島へ身を隠した。

安政五年から六年にかけ、井伊は反幕府勢力の一掃を図り、処分者は百名以上となった。

松陰、信念の自供で死罪に

大獄で捕えられた志士の中に吉田松陰の姿もあった。当初松陰は、間部詮勝の暗殺計画が原因で、長州藩の野山獄にいた。松陰の過激な言動を藩が案じたためである。井伊による大規模な弾圧が始まると、安政六年、幕府の命令で江戸の獄舎へ護送された。

松陰が江戸の獄舎にいるころ、頻繁に松陰のもとを訪ね、弟子たちの中でも特に尽くしたのが高杉晋作であった。間部暗殺計画に参加するよう松陰から求められたとき、高杉は反対し、「見損なった」と書かれた手紙を師から受け取り、深く傷ついていた。まるでその罪滅ぼしのように、江戸に召喚された松陰の面倒を見た。

晋作の好意に松陰は、過去のわだかまりを捨て「君が江戸にいてくれてありがたかった。お礼を言います」と感謝の手紙を出している。

松陰にかけられた嫌疑は二つ。一つは、戊午の密勅事件に関わった梅田雲浜との関係を疑われたこと。もう一つは、御所内で見つかった幕府批判の落とし文が、松陰の仕業ではないかと疑われたことである。

いずれも身に覚えのないことで、嫌疑はすぐに晴れる。しかし松陰は、この機会に「至誠《しせい》」（＊H）をもって幕府側の心を動かそうと、ペリー来航以来の幕政を批判。そして幕府の知らなかった間部詮勝暗殺計画を自ら明らかにしてしまう。

幕府側が予想もしなかった自供により、松陰は死罪の判決を受ける。萩の文之進らが助命嘆願に動いたものの、安政六年十月、江戸・伝馬町の獄で刑が執行され、松陰の命は武蔵野の露と消えた。

しかしその魂は、志士たちの胸に宿り、尊王攘夷運動、倒幕運動に多大な影響を与えることになったのである。

＊A **鵜飼吉左衛門**
一七九八〜一八五九　水戸藩士。将軍継嗣問題では一橋派につく。子の幸吉に命じ戊午の密勅を斉昭のもとへ運ばせるが、のちに問題視され死罪。

＊B **戊午**
つちのえうま。干支の組み合わせで五十五番目。六十年に一度めぐってくる。

＊C **梅田雲浜**
一八一五〜一八五九　小浜藩出身。井伊直弼の外交に危機感をおぼえ、戊午の密勅を降下させることに成功するが、安政の大獄で捕えられ獄死した。

＊D **永蟄居**
武士に対する刑罰で、終身にわたり外出・出仕を禁じること。

＊E **水戸藩**
当初、尊王攘夷の総本山として全国から志士が歴訪した。しかし安政の大獄の標的とされ、藩内が分裂。人材が失われていった。

＊F **安島帯刀**
一八一二〜一八五九　水戸藩家老。将軍継嗣問題では一橋派につく。

＊G **月照**
一八一三〜一八五八　幕末の尊王攘夷派僧侶。安政の大獄で追われる身となり、西郷隆盛とともに薩摩の錦江湾に入水。西郷は命を取り留めたが、月照はそのまま生涯を閉じた。

＊H **至誠**
松陰が大切にした言葉。江戸送りとなった松陰は、「至誠をもって人に対すれば動かない者はいない」と言い残した。最後の取り調べのときまで、この姿勢を貫いた。

第四章

残志

―吉田松陰をとりまく人々の言葉―

39

井伊《いい》直弼《なおすけ》

茶会とは、人生「一期一会」の出会いである。

そもそも、茶湯の交会は、一期一会《いちごいちえ》といひて、たとえば幾度おなじ主客交会するとも、今日の会にふたたびかへらざる事を思へば、実に我一世一度の会なり。

(茶湯一会集《ちゃのゆいちえしゅう》　安政四年ごろ)

■現代訳■　そもそも、茶会というのは「一期一会」の機会で、例えば、何度同じ相手を招くにしても、この茶会そのものが一度限りのことと考えれば、本当に、人生に一度きりの出会いなのである。

開国・近代化を断行した辣腕《らつわん》の茶の湯の思想

出会いの大切さを意味する言葉「一期一会」が茶道の名言であることは知られているが、広く知られるようになったきっかけが井伊直弼であることを知る人は少ないのではないか。

江戸幕府大老として、通商条約の無勅許《ちょっきょ》締結や安政の大獄など、辣腕《らつわん》を揮《ふる》った井伊だが、茶人としての一面もある。井伊家（＊1）の十四男として生まれ、藩主となる見込みのないまま「埋木舎《うもれぎのや》」と名付けた屋敷で、若い日を過ごした。そこで文学や茶の湯などに没頭している。

いくつかの茶の湯の著作を持つ井伊だが、その集大成『茶湯一会集』（＊2）で、茶会における「一期一会」の思想を説いている。ここで引用した言葉のあとに「主人（もてなす側）はすべてに心を配り、わずかでも粗末のないように尽くし、もてなされる客も、大切な機会であることをわきまえ、主人の趣向を心に留め、おたがいに誠意をもって交流するべきである」と続けている。

40

久坂玄瑞《くさかげんずい》

草の根の民が決起する以外に、手立てはない。

諸侯《しょこう》たのむに足らず。公卿《くぎょう》たのむに足らず。草莽《そうもう》の志士糾合義挙《きゅうごうぎきょ》の外《ほか》にはとても策これなき事と、私ども同志うち申し合いおり候《そうろう》事に御座候。（武市半平《たけちはんぺい》太《た》への手紙　文久二年）

■現代訳■　諸大名は頼りにならない。公卿たちも頼りにならない。草の根の志士たちが結びついて決起しないことには、他に手だてはないと、私たち同志、みな言い合っております。

草莽崛起《そうもうくっき》の志を受け継ぐ英才

松陰の刑死後、松下村塾には、久坂玄瑞を慕って門下生たちが集まるようになる。松陰の遺志を継ぐかのように尊王攘夷思想を強めていった久坂のもとを、文久二（一八六二）年、一人の男が訪ねた。土佐藩士・坂本龍馬《さかもとりょうま》（*3）。玄瑞は龍馬に、土佐藩で尊王攘夷の急先鋒となっていた武市半平太（*4）宛ての手紙を託す。その中にある一文だ。

この後、「失敬ながら、尊藩（武市、龍馬の土佐藩）も幣藩《へい》（長州藩）も滅亡しても大義なれば苦しからず」と続く。尊王攘夷実現のためなら、長州・土佐ともに滅びることも厭わないという過激な考えは、師である松陰が行き着いた「草莽崛起」思想そのものだ。吉田松陰・松下村塾の教えを最も強く受け継いでいたのは、松陰が生前、特に高く評価し、時には考えの違いから激しく議論した久坂だったのではないだろうか。

龍馬が土佐藩を脱藩したのは、久坂に会った直後である。一説では、久坂のこの手紙が、龍馬をも突き動かしたといわれている。

41

宮部鼎蔵《みやべていぞう》

さあ、子どもたちよ。戦いの支度を！御所の桜が散ってしまう前に。

いざ子供　馬に鞍《くら》おけ九重《ここのえ》の
御《み》はしの桜　散らぬそのまに（辞世の句　元治元年）

■現代訳■　さあ子どもたちよ。馬に鞍を置いて、戦いの支度をしなさい。御所に咲き誇る九重の桜が、散ってしまう前に。

松陰の親友、尊王攘夷に殉じる

肥後熊本藩士の宮部鼎蔵は、松陰の九州遊学以来の親友。代々の医家だが、山鹿《やまが》流兵法を学び、三十歳のときに藩の軍学師範となる。江戸でも松陰とともに学び、東北遊学にも同行。諸国の志士と交遊し、尊王攘夷の信念を深くしていった。

辞世の句として伝わるこの歌は、松陰亡き後も尊王攘夷派として活動をしていた宮部が、故郷・熊本の幼い子どもたちに向けて詠んだものとされる。尊王攘夷派の精神的支柱でもあった孝明《こうめい》天皇が詠んだ「戈《ほこ》とりて　まもれ宮人ここのへの　みはしのさくら風そよぐなり（宮中の者たちよ、武器をとり守りを固めなさい。御所の桜（＊5）は風が吹きつけ、今にも散りそうだ）」に対する返歌であるともいわれている。

文久三（一八六三）年、八月十八日の政変（＊6）で一度は京都から長州に退いた宮部は翌年、再び京都にのぼる。しかし、旅館・池田屋に潜伏していたところを幕府方の新選組《しんせんぐみ》（＊7）に急襲され、奮戦の末、自刃《じじん》した。

42

吉田稔麿《よしだとしまろ》

乱れたこの世、どうすればよいのか。

むすびても　又むすびても　黒髪の
みだれそめにし　世をいかにせむ（辞世の句　元治元年）

■現代訳■　結んでも、また結んでも、黒髪が乱れてしまうように、乱れ始めたこの世の中を、どのようにすればいいのだろうか。

「四天王」の一角、道半ばにて死す

新選組の急襲を受けた池田屋には、松陰の弟子で、高杉晋作、久坂玄瑞、入江杉蔵とともに松下村塾「四天王」の一人に数えられた吉田稔麿の姿もあった。長州藩邸から池田屋に向かう最中に詠まれたのが、この句であるといわれている。吉田は池田屋事件で重傷を負い、自刃《じじん》して果てた。のちに、同門だった品川弥二郎《しながわやじろう》は吉田を評して「生きていれば、内閣総理大臣になっていただろう」と語ったとされる。

身分の低い出自（＊8）ではあったが、松陰の評価も高く、その一方で安政の大獄で松陰が捕えられた際には、家族に累《るい》が及ぶのを案じて松陰のもとを離れる冷静さを持ちあわせていた。池田屋事件直前にも、長州の家族に近況を伝える手紙を送っている。

稔麿は、過激な活動に身を投じる中でも繊細な心遣いを忘れず、ナイーブな心情をつづった辞世の句を残した。品川の言葉通り総理大臣になっていたら……日本のその後は、どうなっていたのだろうか。

43

佐久間象山《さくましょうざん》

私は、世界とつながっていることを知った！

余二十年以後。乃知匹夫有繫一国。三十以後。乃知有繫天下。四十以後。乃知有繫五世界。（省諐録《せいけんろく》　安政元年）

■現代訳■　私は二十歳以後、一人の男として自分が信濃《しなの》国と関わっていることを知った。三十歳以後は、この日本の国と関わっていることを知った。四十歳以後は、世界と関わっていることを知った。

開国を主張した稀代の大思想家

松陰の黒船密航未遂に連座した際、象山が江戸の獄中で著した『省諐録』（＊9）にある最後の一節。開国を主張し、幅広い視野を持っていた洋学者・象山の思想を、簡潔に表す言葉である。

松陰の死後、象山は謹慎中の郷里・松代《まつしろ》から京都にのぼり、一橋慶喜《ひとつばしよしのぶ》の求めに応じて公武合体・開国論を説いた。開国論者の象山は、当時、京都にはびこっていた尊王攘夷派の標的となり、肥後熊本藩士・河上彦斎《かわかみげんさい》（＊10）の手で斬り殺される。象山は死の間際においても、これから自らを斬ろうとする河上に名前をたずねるなど、松陰の過激な行動を止めなかったときと変わらない、豪放な一面をのぞかせる。

河上は、のちに自分の斬った人物の偉大さを知り愕然《がくぜん》とし、人斬りをやめてしまったといわれている。象山は松陰以外にも、勝海舟《かつかいしゅう》、坂本龍馬らの傑物を指導し、輩出した。稀代の大思想家は、死してなお、人々に強い影響を残したことになる。

第四章

＊1 井伊家

譜代大名の筆頭で、彦根藩主の家柄。井伊直弼をはじめ、六人の幕府大老を輩出している。

＊2 茶湯一会集

茶会での心構えを説いた、井伊の茶の湯の集大成ともいえる著作。この他に、点前の方法を解説した『炭の書』『灰の書』、茶の湯の歴史を解説した『閑夜茶話』などの著作がある。

＊3 坂本龍馬

一八三五～一八六七　土佐藩士。脱藩後、京都・江戸などで独自の活動を続ける。慶応二（一八六六）年には、敵対していた薩摩・長州を仲介し、薩長同盟の成立に漕ぎ着けた。

＊4 武市半平太

一八二九～一八六五　土佐藩士。瑞山《ずいざん》と号する同志と土佐勤王党を結成し、尊王攘夷運動を展開。八月十八日の政変で尊攘派が劣勢になると捕えられ、自害。

＊5 御所の桜

天皇の住まいである京都御所の桜のことで、天皇すなわち日本そのものを指す。

＊6 八月十八日の政変

文久三年八月十八日、公武合体派の宮中クーデターによって、長州藩を中心とする尊王攘夷派が京都から追放された事件。

＊7 新選組

京都守護職の会津藩士・松平容保《かたもり》配下の治安維持組織。近藤勇、土方歳三ら身分の低い武士などを中心に結成された。

＊8 身分の低い出自

稔麿の父親は、長州藩の足軽。吉田家は松陰の生家の近所で、稔麿は、松陰が引き継ぐ前の、久保五郎左衛門が開いていたころの松下村塾に通っていた。

＊9 身分の低い出自

海外事情に関する知識の普及と西洋科学技術の導入に取り組んできた自己の思想と行動に

関する感懐をまとめたもの。書名は、「過ちを省みる記録」という意味。

＊10 **河上彦斎**

一八三四〜一八七二　肥後熊本藩士。宮部鼎蔵に兵法を学び、強烈な尊王攘夷論者となる。元治元年、池田屋事件で自刃した師・宮部の仇を討つべく京都に入ったときに、象山を衝動的に斬ったとされている。

◆公武合体と尊王攘夷

安政の大獄による苛烈《かれつ》な弾圧は、尊王攘夷派の報復を招くことになる。相次ぐ幕府首脳の襲撃事件は、幕府の権威失墜につながり、政治の主導権は、改革に名乗りを挙げた諸藩に移っていく。

長州藩は、一時的に攘夷を藩の方針としたことで、攘夷の気運が強い朝廷での発言力を増し、やがて尊王攘夷派の中心となっていく。その動きを主導したのが、吉田松陰の教えを受けた松下村塾の門下生たちだった。彼らは諸藩の攘夷派とも呼応し、巨大な渦を形成していく。

失墜する幕府権力と、「攘夷」の旗印のもと結集する諸藩の志士。歴史はいよいよ、混迷を極めていく。

桜田門外の変

万延元（一八六〇）年三月三日。その日は、朝から季節外れの雪が舞っていた。大老・井伊直弼は、登城のため駕籠《かご》に乗って屋敷を出た。供の行列を引き連れ江戸城桜田門《さくらだもん》（＊A）に差し掛かったとき、異変が起きた。

駕籠に襲いかかったのは、安政の大獄において前藩主・徳川斉昭《なりあき》が失脚した水戸藩の脱藩浪士ら十八名。雪の中、護衛は混乱し、襲撃者の勢いに押されていた。井伊は駕籠から引きずり出され、討たれた。

幕府の最高権力者が、白昼に暗殺された。世に言う桜田門外の変である。強権を揮ってきた大老が、いとも簡単に暗殺されたことで、幕府の権威は失墜。政権を担う能力そのものを疑う声が急速に高まっていく。やがてそれは、倒幕のうねりへとつながっていくのである。

「公武合体」で求心力回復を目指す

桜田門外の変の後、老中・安藤信正《あんどうのぶまさ》（＊B）は、失墜した幕府の権威を回復させるために、朝廷の権威を幕府に結び付ける「公武《こうぶ》合体」路線を進めようとする。その象徴として、孝明天皇の妹・和宮《かずのみや》（＊C）を将軍・家茂の妻に迎えようとした。和宮が家茂の妻となれば、開国か攘夷かで対立してきた幕府と朝廷との関係改善を内外に印象付けることもできる。また朝廷の権威を利用しようとする反幕府勢力への牽制にもなる。

孝明天皇は当初、和宮に婚約者がいることを理由に降嫁を許さなかった。しかも、通商条約締結をめぐる幕府への怒りは消えてはいない。交渉は難航したが、勅許なしで調印した外国との条約を破棄する「破約攘夷」を条件に、和宮の降嫁を許した。

この政略結婚に尊王攘夷派は反発。水戸藩の脱藩浪士らは文久二（一八六二）年、江戸城坂下門《さかしたもん》外で安藤を襲った。この坂下門外の変で負傷した安藤は、老中を罷免《ひめん》され失脚する。

坂下門外の変は、幕府にとって大きな打撃となった。桜田門外の変に続き、弱体化した幕府の姿を、またしても天下にさらすことになってしまったからだ。公武合体による幕府の復権をねらった安藤の目論見は、効果のないものとなってしまった。

雄藩が政治の中心に

こうした事態の中、朝廷と幕府の双方につながりの深い薩摩藩は、公武合体の立場から独自の幕政改革を進めようとする。藩主の父である島津久光《ひさみつ》（＊D）が文久二年、勅使大原重徳《しげとみ》の権威と軍事力を背景に幕府に圧力をかけ、幕政改革を提案する。その内容は、安政の大獄で失脚した一橋慶喜《よしのぶ》（＊E）と松平慶永《よしなが》（＊F）を復権させ、幕政に参加させるというものだった。現将軍の家茂と十四代将軍の座を争った慶喜が、家茂の後見役となるという強引な人事を久光は実現した（文久《ぶんきゅう》の改革）。

外様《とざま》大名が幕府の人事に介入するという、前代未聞の事態だ。幕府の凋落《ちょうらく》ぶりがさらされると同時に、政治の主導権がもはや、雄藩に移ったことが明白になったのである。

長州は攘夷で巻き返すが……

そのころ長州藩は、藩の方針を尊王攘夷で統一。中心となったのは、久坂玄瑞、高杉晋作、桂小五郎ら、吉田松陰の門下生たちだった。彼らは、土佐など諸藩の尊王攘夷派と呼応して連携を図り、その輪を拡大させていった。もともと孝明天皇は攘夷を熱望していただけに、攘夷を掲げた長州の発言力は、格段に大きくなっていったのである。

文久三（一八六三）年、京に上《のぼ》った将軍・家茂は、和宮を家茂に嫁がせる条件であった攘夷決行の期限を問われる。列強との軍事力の差や条約締結後の攘夷の困難さを訴えた家茂だったが、朝廷の圧力に抵抗し切れず、攘夷決行を約束してしまう。

幕府が苦し紛《まぎ》れに約束した攘夷を、長州だけが実行に移した。アメリカ商船を砲撃したのを皮切りに、関門《かんもん》海峡を通過する列強の船に立て続けに攻撃を加える。不意を突かれた外国船は敗走したが、米・英・仏・蘭の四カ国はすぐに報復に転じた。連合艦隊の軍艦から砲撃を受けた長州の艦船は壊滅。陸戦隊も下関上陸を許し砲台は破壊され、市街にも大きな被害を受けた。

この惨敗こそが、長州の一大転機となるのである。

追い詰められた長州

長州藩を中心とする尊王攘夷派の動きに対して、薩摩、会津《あいづ》の両藩は文久三年八月十八日、朝廷内の公武合体派とともに朝廷の実権を奪い、長州勢力と急進派の公卿・三条実美《さんじょうさねとみ》（＊G）らを京都から追放した。

八月十八日の政変からの巻き返しを狙う尊攘派は、翌元治元（一八六四）年には、京都での動きを活発化させていた。尊攘派の拠点が京都守護職（＊H）配下の治安維持部隊・新選組に急襲される池田屋事件が起こると、長州藩は、これを機に勢力を回復するため、京都へ攻め上った。しかし一矢報いることもなく敗北。「禁門《きんもん》の変」（＊I）と呼ばれるこの戦いで、松陰亡き後の松下村塾のリーダー的存在だった久坂玄瑞が自害した。

そして、御所に向け発砲した長州藩を、孝明天皇は「朝敵」とみなした。長州征討を命じられた幕府は、直ちに諸藩の兵を集め、長州へ差し向けたのである。

一方の長州藩では、四カ国による砲撃事件と禁門の変の敗北が重なり、尊攘派が後退。公武合体派の保守勢力が実権を握っていた。彼らは朝廷や幕府に謝罪し、恭順《きょうじゅん》の意を示した。これを受け征討軍は兵を撤収。交戦のないまま、第一次長州征討は終わったのである。

＊A **桜田門**
江戸城の内堀につくられた、門の一つ。

＊B **安藤信正**
一八一九～一八七一　幕府老中の磐城平藩主。桜田門外の変で井伊直弼が殺害された後、老中首座の久世《くぜ》広周《ひろちか》とともに実権を握るが、坂下門外の変で負傷し、老中を辞任。

＊C **和宮**
一八四六～一八七七　仁孝天皇の皇女で孝明天皇の妹。有栖川宮《ありすがわのみや》熾仁《たるひと》親王と婚約していたが、公武合体政策により将軍・家茂に嫁ぐ。家茂の死後は、静寛院宮《せいかんいんのみや》と称される。

＊D **島津久光**
一八一七～一八八七　薩摩藩十二代藩主島津忠義《ただよし》の父。斉彬の異母弟に当たる

＊E **一橋慶喜**
↓P119参照

＊F **松平慶永**
↓P98参照

＊G **三条実美**
一八三七～一八九一　幕末の公卿。尊攘派公卿のリーダー的な存在だった。

＊H **京都守護職**
文久二年、京都で活動する尊王攘夷派を取り締まるために、会津藩主・松平容保が任じられた幕府の役職。

＊I **禁門の変**
長州藩と薩摩・会津など公武合体派諸藩の戦いは、京都御所の門（禁門）周辺が激戦地となったため、このように呼ばれる。「蛤御門の変」とも呼ばれる。

44

高杉晋作《たかすぎしんさく》

面白くないこの世の中を、面白くする。

おもしろき　こともなき世を　おもしろく。（辞世の句　慶応《けいおう》三年）

■現代訳■　面白いことも特にないこの世の中を、面白くする。

奇兵隊を率い倒幕へ導く

近年の研究では、この句は辞世ではなく、死の前年には詠まれた記録があるという。だが、高杉の人生そのものは、二十八年という短さに比して、非常に「おもしろき」ものであったといって、差支えないだろう。

明倫館《めいりんかん》で学んだものの飽き足らず、松下村塾に入門。松陰には、その卓越した見識を高く評価されていた。文久二（一八六二）年には中国・上海へ。列強の植民地のようになっている実情を目の当たりにする。

上海留学で尊王攘夷の思いを強くした高杉は、帰国後、イギリス公使館焼き討ち（＊1）など過激な行動をとるが、元治元（一八六四）年、長州は四国艦隊による下関砲撃で惨敗。攘夷の限界を知らされることになる。

二年後の慶応二（一八六六）年、倒幕の旗手となった長州藩の中心には、奇兵隊《きへいたい》を率いる高杉の姿があった。幕府による長州征討を退けたのち、肺結核に倒れる。幕府崩壊の決定打を自らの手で加えながら、維新を見ることなくこの世を去るのは、一年後のことである。

45

品川弥二郎《しながわやじろう》

「錦の御旗」で朝敵を倒すべし！

宮さん宮さん お馬の前に ひらひらするのは何じゃいな トコトンヤレ トンヤレナ あれは朝敵征伐《せいばつ》せよとの 錦の御旗《みはた》じゃ知らないか トコトンヤレ トンヤレナ（軍歌『宮さん宮さん』 明治元年）

■現代訳■ お宮様、お宮様。馬の前でひらひらはためているものは、何でしょうね。あれは朝廷の敵である幕府軍を倒せという、天皇家の旗ですよ。知らないのですか？

日本初の流行歌を作詞

軍歌『宮さん宮さん』は、戊辰《ぼしん》戦争の際、長州・薩摩を中心とする明治政府軍の兵士が、江戸へ攻め上る道すがら口ずさんだとされる。

作詞したのは品川弥二郎。こんなところにも、松下村塾の門下生が顔を出す。松陰も「特にすぐれた能力があるわけではないが、広く奥深い心を持っている」と評するように、倒幕において特に目立った活躍はなかったが、明治政府では内務大臣（＊2）などを歴任し、信用組合の設立に尽力するなど、実績を残した。

歌詞は、全部で六番まである。明治政府軍が、天皇家の紋章である「菊の御紋《ごもん》」をあしらった錦の御旗を掲げ、幕府軍を追い込んでいく様子が唄われている。

『宮さん宮さん』は、明治に入ってから全国的な人気を集め、「日本初の軍歌」であるのと同時に、「日本初の流行歌」などと呼ばれることもあるという。

＊1 イギリス公使館焼き討ち

文久二年末、高杉、久坂、井上、伊藤、品川ら長州藩士が、品川御殿山《ごてんやま》に建設計画中の各国公使館の襲撃を計画。イギリス公使館を全焼させた。

＊2 内務大臣

明治政府で、地方行政や警察、戸籍など内政全般を担当した内務省の大臣。品川が内務大臣を務めたのは明治二十四（一八九一）～二十五（一八九二）年、第一次松方正義内閣のとき。

◆「倒幕」へ向かう長州と薩摩

列強艦隊による下関砲撃は、長州にとって、そして攘夷を主張する松下村塾門下生たちにとって、この上ない衝撃だった。本物の列強の強さに触れたこと。そして、吉田松陰の教えである攘夷が、いかに非現実的なことであるか―守り育ててきた信念は、あっけなく崩壊した。

幕府の差し向けた征討軍にも恭順するしかなく、死に体の長州。だが、そこから彼らは目覚める。完膚《かんぷ》なきまでに叩きのめされ、骨抜きにされたかのようだった長州は、ここから巻き返し、いま一度、幕末の主役へと躍り出る。やはりその中心にいたのは、松下村塾の門下生たちだった。

一方、長州と同じ「目覚め」のときを迎えようとしていたのは、仇敵・薩摩だった。列強と直接戦ったことで攘夷の不可能を知った両藩は、同じ目的へ向かって、歩み寄っていく。

藩論を「倒幕」へ

長州藩では、尊王攘夷を主張してきた改革派が完全に勢いを失い、幕府を恐れ徹底恭順の姿勢を見せる保守派が藩を掌握していた。

巻き返しを図る改革派の象徴となったのが、「奇兵隊《きへいたい》」である。藩の正規軍ではなく、農民、町人など庶民が半数を占める部隊だ。高杉晋作の提案によるものだが、その根底には、松陰が兵学者として唱えた西洋歩兵論、晩年行き着いた「草莽崛起《そうもうくっき》」の思想が流れていた。

高杉は奇兵隊の先頭に立ち、勢力奪回の兵を挙げる。元治元（一八六四）年十二月のことである。高杉に従ったのは当初、伊藤博文らわずかな同志たちのみだったが、呼応する者たちが次々に集まり、ついには藩の正規軍を撃破。長州征討に恭順してから、わずか数ヶ月後のことだった。

藩の実権を奪い返した改革派は、藩論を「恭順」から「倒幕」へと転換させた。藩内では、家格や門閥《もんばつ》による人事が一掃され、実力主義で人材を登用するようになった。

軍事面では、四国連合艦隊砲撃事件で露呈《ろてい》した、時代遅れの軍備や組織の改革が差し迫った課題となった。大村益次郎《おおむらますじろう》（＊A）を中心に軍制改革が進められるのと同時に、イギリスに接近して貿易商から武器を購入するなど、軍備の強化が進められた。

京都で、下関で、苦い敗北を喫したことで、長州は目覚めた。この劇的な変化はやがて、幕府をも飲み込んでいくことになる。

薩長連合の成立

軍備の強化に乗り出した長州藩だが、悩みの種は、武器の調達だった。幕府による長州征討以降、長崎などの港から締め出された長州は、下関での密貿易が武器調達の拠りどころとなっていたが、それには限界があった。一方幕府は、藩論を「倒幕」に一本化した長州に対して、二度目の長州征討を計画する。長州は、再び苦しい立場に追い込まれた。

そのような状況下、土佐の坂本龍馬と中岡慎太郎《なかおかしんたろう》（＊B）の仲介で薩摩藩名義で武器や軍艦を購入。これを長州藩へ納めるという奇手に出る。禁門の変（＊C）以来、長州は薩摩を仇敵と見ており、薩摩も長州に敵意を抱いていた。しかし坂本らの仲介により、両藩は手を組む可能性を探り始めた。

長州が下関砲撃事件で攘夷の無謀さを知ったのと同じように、薩摩も薩英戦争《さつえい》（＊D）でイギリス軍の圧倒的な戦力を見せつけられ、攘夷の不可能を痛感していた。奇《く》しくも同じ痛手を負った両藩が、ともに「倒幕」という新たな道に目覚めたのである。

そして慶応二（一八六六）年、京都の薩摩藩邸で、桂小五郎《かつらこごろう》（のちの木戸孝允）と薩摩の西郷隆盛《さいごうたかもり》（＊E）、坂本らが密会。薩長《さっちょう》連合が成立した。

この年、幕府は諸藩に対し第二次長州征討を通達。しかし事前に薩長連合を締結していた薩摩藩が出兵を拒否。諸藩の戦意も低かった。一方、奇兵隊を率いる高杉らの活躍で、長州軍が幕府軍を終始圧倒した。

やがて大坂城に出陣した将軍・徳川家茂の急死を理由に、幕府軍は撤退。一方的な敗北で、幕府の威信を地に堕とす結果となった。

幕府の滅亡と新政府の樹立

家茂の後を継ぎ、十五代将軍となった徳川慶喜は、幕政の立て直しに努めた。慶応三（一八六七）年、薩長両藩が幕府の武力討伐を決意したのに対し、土佐藩の後藤象二郎《ごとうしょうじろう》（＊F）と坂本龍馬が、前藩主・山内豊信《やまうちとよしげ》（容堂《ようどう》）（＊G）を通して慶喜に、薩長の機先を制し政権を返上することを勧めた。慶喜もこの策を受け入れ、大政奉還《たいせいほうかん》の上表を朝廷に提出した。

新しい政治の中心となっていったのは、倒幕の中心となった薩長両藩である。大政奉還の後に、王政復古《おうせいふっこ》の大号令を発して、天皇を中心とする新政府を樹立した。そしてここに、徳川家康《いえやす》以来二六〇年以上に渡り続いた江戸幕府の歴史に、終止符が打たれたのである。

戊辰戦争と新政府の国内統一

新政府には、有力諸藩を代表する藩士が参画し、雄藩連合の形がとられた。一方で、慶喜に対しては官位の辞退と朝廷への領地返上が命じられた。新政府で力を維持すべく、先んじて大政奉還を申し出ていた慶喜は、この厳しい要求に反発。京都から大坂城に引き上げ、新政府と対決することとなった。戊辰《ぼしん》戦争の始まりである。

慶喜を擁する旧幕府軍は、慶応四（一八六八）年一月、大坂城から京都に進撃したが、鳥羽《とば》・伏見《ふしみ》の戦い（＊H）で新政府軍に完敗を喫する。西洋式の軍備で固めた薩長を中心とする兵の前に、刀を構えた武士たちは次々屈していった。江戸城は慶喜の命を受けた勝海舟《かつかいしゅう》（＊I）と、新政府軍の西郷隆盛の交渉により同年四月、無血開城された。

新政府軍はさらに進撃し、明治二（一八六九）年五月、箱館《はこだて》の五稜郭《ごりょうかく》（＊J）に立てこもっていた旧幕府の海軍副総裁・榎本武揚《えのもとたけあき》らの軍も降伏させた。

これにより、国内は新政府によってほぼ統一された。吉田松陰が久里浜《くりはま》の地で怒りと屈辱に打ち震えながら黒船を見つめてから、十五年の歳月が流れていた。

＊A **大村益次郎**

一八二五～一八六九　長州藩士。初めは村田蔵六と名乗っていた。長州藩の軍事指導者として活躍。明治政府でも陸軍の創設に尽力したが、不平士族に暗殺される。

＊B **中岡慎太郎**

一八三八～一八六七　土佐藩士。土佐勤王党に参加したのち、脱藩。坂本龍馬と行動を共にし、薩長連合の実現に尽力した。

＊C **禁門の変**

↓P191参照

＊D **薩英戦争**

文久三（一八六三）年、薩摩藩士がイギリス人を殺傷した生麦事件を追及するため、鹿児島湾に侵入したイギリス艦隊と薩摩藩との戦争。

＊E **西郷隆盛**

一八二七～一八七七　薩摩藩士。下級武士の出ながら、幕末の薩摩藩の指導者となり、倒幕を成し遂げる。明治政府では陸軍大将などを務める。

＊F **後藤象二郎**

一八三八～一八九七　土佐藩士。大政奉還運動を展開。明治政府を辞したあと、板垣退助らとともに民撰議院設立を建白する。

＊G **山内豊信（容堂）**

一八二七～一八七二　土佐藩主。公武合体に尽力し、のちに後藤・坂本の建言を聞き入れ慶喜に大政奉還を建言。

＊H **鳥羽・伏見の戦い**

京都の鳥羽・伏見で発生した新政府軍と旧幕府軍の戦い。戊辰戦争の緒戦。

＊I **勝海舟**

幕臣。西洋兵学などを学び、ペリー来航の際に提出した意見書が認められ、登用された。

＊J **五稜郭**

江戸幕府が北方の防備のため、北海道・箱館に設置した平面五角形の城塞。

46 人民は病人、政府は医者である。

木戸孝允《きどたかよし》

人民は病人なり。政府は医者なり。衰弱の病者に大下剤《げざい》を用いられ候へは、外患よりも内患いかがと存じ申し候。

（槇村正直《まきむらまさなお》宛ての手紙　明治七年）

■現代訳■　人民は病人のようなもの、そして政府は、医者のようなものだ。衰弱した病人に下剤を与えれば、体の外側の病気は治るかもしれないが、内側の病気はどうなるだろうか。

幕末・維新をリードした「俊英」

松陰は、明倫館で指導した桂小五郎（木戸孝允）を「何かを成す才がある」と評した。その評価はのちに、正しかったことが証明される。

高杉晋作とともに長州藩の倒幕路線への転換を主導した木戸は、慶応二（一八六六）年、薩長連合を結ぶ。敵対関係にあった薩摩・長州の歴史的な同盟は、倒幕への流れを決定的なものとした。

その後も木戸は、明治政府の中で内政面の整備に尽力。中央集権国家の確立を目指し、版籍奉還《はんせきほうかん》（＊1）、廃藩置県《はいはんちけん》（＊2）などの政策をリードした。

幕末の動乱から明治維新にかけて、高杉のように維新を見ることなく没したり、薩摩の西郷隆盛《さいごうたかもり》のように明治政府から野に下った武官が多い中、文武のバランスのよい後進（伊藤博文や井上馨、山縣有朋）のような人物は、稀《まれ》である。

部下である槇村正直（＊3）に宛てたこの手紙では、幕末という動乱の時代を経て疲弊《ひへい》した人民の本音を、鋭く推し測っている。幕末・維新を最前線で見てきた木戸ならではの洞《どう》察《さつ》と呼ぶべきであろう。

第四章

47

前原一誠《まえばらいっせい》

私は死んでも、御恩に背くことはない！

吾《われ》今国の為に死す、死すとも君恩に背《そむ》かず。人事通塞《つうそく》あり、乾坤《けんこん》我が魂を弔《ちょう》さん。（辞世の句　明治九年）

■現代訳■　私は今、国のために死ぬ。死んでも、君主の恩に背くことはない。人には、前途が開けることと塞がることとがある。天と地が、私の魂を弔ってくれるだろう。

「最後の武士」の抵抗

前原一誠が松下村塾に入塾したのは、安政四（一八五七）年、久坂玄瑞や高杉晋作らと同じ時期であるとされている。松陰の処刑後は、長崎で洋学を学ぶなど、藩の倒幕活動に尽力。明治政府では軍事・内政面で活躍したが、大村益次郎の暗殺後、山県有朋らが掲げる徴兵制に反対し、対立を深めていく。

明治維新で「士族《しぞく》」（*4）という身分になり、特権を廃止された武士の中には、前原のように新政府の方針に不満を抱く者も少なくなかった。政府を辞した前原は萩に下り、明倫館を拠点に不平士族たちを集め、明治九（一八七六）年、挙兵する。萩の乱である。

反乱軍は、山県が派遣した政府軍に鎮圧され、前原は捕えられる。処刑の際に詠まれたのが、この辞世の句とされている。

このころ、士族の反乱は各地で頻発した。しかしそれらの反乱はことごとく明治政府が整備した、徴兵制による軍隊によって鎮圧されている。その様はさながら、「武士の時代」の終焉を象徴するものであった。

48

玉木文之進《たまきぶんのしん》

百の策略も、一つの誠意にはかなわない。

夙《つと》に橘良基《たちばなのよしもと》の風を慕《した》ひ、「百術一清《ひゃくじゅついっせい》に如《し》かず」の印を刻して之《これ》を帯び、郡政を掌《つかさど》る時、賞賜《しょうし》あれば水利土功《すいりどこう》の資に充《あ》てて毫も之れを私せず。（玉木正韞《まさかぬ》先生傳《でん》）

■現代訳■（玉木文之進先生は）橘良基のような生きざまを慕って、良基の遺訓であるとされる「例え百の策略があっても、一つの清い心にはかなわない」の印を持ち歩いている。役人として褒美をもらうことがあっても地域の水利・土木工事の資金として、自分のものにはしなかった。

萩の乱の責任を一身に背負う

松陰の叔父で松下村塾の創始者である玉木文之進の座右の銘《めい》が、平安時代の貴族・橘良基の言葉「百術一清に如かず」だったとされている。

松下村塾では幼少期の松陰を尋常でない厳しさで教育した。硬骨漢《こうこつかん》であるとともに、清廉《せいれん》潔白な性格から、文之進は郡奉行となって昇給などがあると、すぐにその返上を申し出て、余分の収入はすべて治下の農民たちのために使った。

安政の大獄の際、松陰に対する監督不行き届の咎《とが》で役職を解任されるが、のちに復帰し、第二次長州征討などで活躍。維新後は再び松下村塾を開き、子弟教育に努めた。

明治九年、前原一誠が率いた萩の乱に門弟や養子たちが参加したこともあり、責任をとって自害。多くの優秀な弟子を輩出しながら、最後は弟子の行いの責任を一身に背負った文之進。最後まで「一清」を重んじたのだ。

第四章

49

山県有朋《やまがたありとも》

私は常に、一人の武士に過ぎない。

わしは一介の武弁《ぶべん》である。（山県の口癖であったとされる言葉）

■現代訳■　私は、一人の軍人である。

日本陸軍の父「一介の武弁」に徹す

明治維新では主に徴兵制（＊5）の整備など軍事面で活躍し、「日本陸軍の父」（＊6）と呼ばれる山県有朋は、のちに内閣総理大臣まで務め、政治に深く関与するようになっても、「一介の武弁」であることを強調し続けていた。

頑固な一面は幼少時代から変わらないようで、武術の稽古に打ち込んでいた少年時代、友人に松下村塾への入塾を誘われても、「自分は文学の士ではない」と言って断ったそうだ。久坂玄瑞の紹介で入塾したのは二十一歳のときだが、その数ヶ月後、松陰は安政の大獄で刑死。直接指導を受けた期間は非常に短かったが、松陰の影響は大きく、生涯「松陰先生門下」であることを誇りにしていたという。

その後も「一介の武弁」としての人生は続く。元治元（一八六四）年には、奇兵隊を率いて四国連合艦隊に敗北。西洋式軍備の必要性を痛感することになる。このときの経験が、明治政府軍の近代化に力を注ぐ原点となったのかもしれない。

50

伊藤博文《いとうひろぶみ》

憲法制定は、「日本の基軸」の確定から、始めなければならない。

反之《これにはんし》我国に在《あり》ては事全く新面目に属す。故に今憲法を制定せらるるに方《あたっ》ては、先《ま》ず我国の機軸を求め我国の機軸は何なりやと云《い》う事を確定せざるべからず。

（憲法草案審議開会演説　明治二十一年）

■現代訳■　これ（欧米諸国が古くから憲法政治を行っていること）に対して日本では、憲法制定はまったくの新しいことである。だから、今憲法を制定するに当たっては、まず日本の基軸を求め、日本の基軸とは何であるかを確定しないわけにいかない。

「国の基軸」をつくった男たち

初代内閣総理大臣となる伊藤博文は農民出身だが、幼いころ、父親が長州藩の下級武士の養子となったことで、武士の身分を得ることになった。

十七歳で松下村塾に入塾したが、身分が低いため、塾の外で講義を立ち聞きしていたとされる。しかし松陰は、そんな伊藤を「周施家《しゅうせん》（政治家）になりそうだ」と、評している。この評もまた、的確だった。

明治維新の集大成となったのが、大日本帝国憲法（*7）の制定とそれに付随する諸制度の整備である。これらを中心となって進めたのが、伊藤であった。ヨーロッパで近代憲法を学び、帰国後、草案をまとめた。この草案の審議に先立ち、枢密院《すうみついん》（*8）で行った演説の一部である。

憲法制定という、アジアでは前例のない取り組みに臨む姿勢が伝わってくる。

「国の基軸」――師匠・吉田松陰もまた、生前それを模索し、弟子たちと議論を重ねた。演説をする伊藤の胸にあったのは、松下村塾の講義の集大成に臨むような気持ちであったのかもしれない。

＊1 **版籍奉還**
明治二（一八六九）年、旧江戸幕府の藩主から「版（土地）」と「籍（人民）」を明治政府に返上させた政策。

＊2 **廃藩置県**
版籍奉還によって土地・人民を政府に返上させた状態で、明治四（一八七一）年、全国の藩を廃止して府・県という新しい地方行政単位を設置した政策。

＊3 **槇村正直**
一八三四〜一八九六　長州藩の祐筆《ゆうひつ》（書記官）を経て、明治初期には京都府知事として、戊辰戦争で荒廃した京都の復興に努めた。

＊4 **士族**
明治二（一八六九）年、版籍奉還と同時に出された通達によって、一定以下の身分の武士はすべて「士族」に統一されることになった。そして士族からは次第に、帯刀や家禄を得る権利などが奪われていった。

＊5 **徴兵制**
国民に兵役を義務づける制度。日本では明治六（一八七三）年、徴兵令が公布され、満二十歳以上の男子に兵役が義務づけられた。

＊6 **日本陸軍の父**
山県は、明治五（一八七二）年に陸軍省が創設されると、翌年には初代陸軍卿（陸軍大臣に相当するポスト）に就任するなど、陸軍創設期の重要ポストを歴任。陸軍制の整備に努めた。

＊7 **大日本帝国憲法**
明治二十二（一八八九）年に発布された、アジア初の近代憲法。ドイツ（プロイセン）憲法に倣い、天皇に強力な権限を持たせた。

＊8 **枢密院**
明治二十一（一八八八）年に創設された、天皇の諮問機関。大日本帝国憲法や皇室典範など、明治政府の基本法令の審議が行われた。

◆新時代を担った松陰門下生

戊辰戦争のさなかである慶応四（一八六八）年九月、新政府は、新しい元号を「明《めい》治《じ》」とすることを定めた。そして矢継ぎ早に、新しい制度を打ち出していく。同時にそれは、旧制度を破壊していくことでもあった。旧制度により支えられてきた士族たちの反乱が、各地で起きた。

新しい国に生まれ変わるための困難を克服しつつ、日本は、アジア初の近代国家となっていく。

黒船来航から三十年あまり、世界史上にも類を見ないほどのスピードで進められた、旧制度の破壊と新制度の創造。その中心には、常に吉田松陰の教え子たちがいた。

中央集権体制の整備―木戸孝允

新政府は、慶応四（一八六八）年三月、諸外国に王政復古と天皇の外交主権掌握を告げ、国内に向けては「五箇条の誓文《ごかじょうせいもん》」（＊A）を公布した。「広く会議ヲ興《おこ》シ万機公論《ばんきこうろん》ニ決スベシ」など、国策の基本を示す五つの条文から成る。制定には、松陰門下の木戸孝允が深く関わっていた。

新政府にとっての重要課題の一つに、幕府が大名に権限を与え領国を支配させる体制を改め、中央集権体制へ移行することがあった。欧米諸国に対抗できる強力な国をつくるには、政府の意向が、効率よく、強制力とともに伝えられる体制が必要だからだ。

中央集権化への移行を重視していた木戸は、根回しに根回しを重ね、明治二年、大久保利通《おおくぼとしみち》（＊B）らの協力で版籍奉還を実行する。倒幕の中心となった薩摩、長州、土佐、肥前の四藩主に、「版（土地）」「籍（人民）」の返上を、自ら出願させたのである。有力藩の動きに従うかのように、多くの藩が続いた。

その二年後、明治四（一八七一）年には、やはり木戸が中心となって廃藩置県を断行。藩は「府」「県」となり、各府県は、旧藩主ではなく、政府から派遣された府知事《ふちじ》・県令《けんれい》という役人が治めることとなったのである。

近代軍隊の創設と士族の反乱─山県有朋と前原一誠

明治政府にとってもう一つの大きな課題、それは、国民兵による軍隊の創設である。「国民皆兵《かいへい》」による徴兵制度は、大村益次郎の構想によるものだ。その構想を受け継ぎ、徴兵制度を実現したのが、松陰門下の山県有朋だった。明治五（一八七二）年、新たに陸軍省、海軍省が設置され、徴兵告諭《こくゆ》（＊C）が公布された。

そして明治六（一八七三）年、徴兵令が公布される。これにより、身分を問わず満二十歳に達した男子は、すべて三年間の兵役につくことが義務付けられた。

近代的な軍隊が整備される一方で、自分たちの職と特権が次々に奪われていく政策に不満を持ち、糾合《きゅうごう》し兵を挙げる士族も少なくなかった。

明治九（一八七六）年、長州藩改め山口県では、松陰門下で前参議《さんぎ》（＊D）の前原一誠が、萩の乱を起こした。その翌年には、西郷隆盛が率いる最大の士族反乱・西南《せいなん》戦争（＊E）が勃発。西南戦争の鎮圧後は大いに自由民権運動（＊F）が広がり、主義・主張を戦わせる手段は、刀ではなく言論へと移っていった。

第四章

アジア初の近代的立憲国家へ—伊藤博文

自由民権運動の広まりを受けた政府は、内閣制度の整備、国会の開設、憲法の制定を本格化させていった。明治十八（一八八五）年、内閣制度が誕生。初代内閣総理大臣には、伊藤博文が就任した。身分が低かったため、松下村塾の講義を外で立ち聞きしていた青年「伊藤俊輔《しゅんすけ》」が、日本の明日を担う、最も責任ある地位に昇り詰めたのだ。以後、伊藤は四度にわたって内閣総理大臣を務めることになる。

憲法制定に関しては当初、大隈重信《おおくましげのぶ》（＊G）が提唱する、君主に実権を持たせないイギリス流憲法案と、伊藤が提唱する、君主の権力が強いドイツ流憲法案で対立していた。伊藤は、国王の権力が弱いイギリス流を導入した場合、幕末のような動乱の時代に逆戻りする危険性があると考えていた。

憲法草案作成は、明治十九（一八八六）年末ごろから、ヨーロッパで学んで帰国した伊藤を中心に進められた。草案は明治天皇（＊H）臨席のもと、枢密院で審議が重ねられ、明治二十二（一八八九）年、大日本帝国憲法として結実する。

この憲法では、主権者である天皇のもとで立法《りっぽう》、行政《ぎょうせい》、司法《しほう》の三権が分立。国民は「臣民《しんみん》」（＊Ｉ）とされ、法律の範囲内ではあるものの、様々な権利を認められ、国政参加への道も開かれた。

こうして日本は、アジアで初めての近代国家として、歩み始めることになったのである。

明治維新と松陰門下生

吉田松陰が松下村塾で指導に当たったのは、わずか二年あまりに過ぎなかった。しかし、その教えを受けた門下生の多くは、尊王攘夷を掲げて京都で活動したり、明治維新で新政府に関わったりするなど、幕末・明治を通して日本の将来を左右する重要な役割を果たした。

久坂玄瑞や高杉晋作、吉田稔麿のように、維新を見ることなくこの世を去った者も多い。幕末のころはまだ若く、久坂や高杉の背中を追い続けた伊藤博文や山県有朋、品川弥二郎は、明治政府において重要ポストを歴任した。後世に名を残した彼ら以外の門下生を含めると、九十人あまりが松陰の教えを受けたとされている。

三十歳で処刑された松陰自身は、幕末の動乱も明治維新も、目の当たりにすることはなかった。しかし、彼の教えを受けた門下生の多くが、この混迷の時代を必死で生き、自らの運命を切り開き、そして現代に名前を残している。

それをただの偶然として片づけるのは、松陰が残した数々の言葉とその行動をたどって来た私たちにとって、難しいことではないだろうか。

＊A **五箇条の誓文**
「政治は話し合いで決める」「外国から学び、国を盛り立てる」など、明治政府の五つの基本方針。

＊B **大久保利通**
一八三〇～一八七八　薩摩藩士。西郷隆盛とともに、幕末の薩摩藩を指導。明治政府では政府の要職を歴任。

＊C **徴兵告諭**
国民に対し、徴兵令の実施を明言した通達。

＊D **参議**
明治政府初期の要職で、有力藩出身者が任じられた。

＊E **西南戦争**
明治十年、政府を辞し郷里の鹿児島に下った西郷隆盛が、不平士族たちとともに決起した反乱。政府軍に鎮圧され、西郷は自害。

＊F **自由民権運動**
一八七〇年代中ごろから広まった、政府に対して国会の開設や憲法の制定などを求める運動。

＊G **大隈重信**
一八三八～一九二二　肥前佐賀藩出身。のちに内閣総理大臣などを歴任。早稲田大学の創設者でもある。

＊H **明治天皇**
一八五二～一九一二（在位一八六七～一九一二）孝明天皇の子。

＊I **臣民**
天皇の家臣である国民を指す言葉。

第四章

おわりに ～「種まき」の生涯～

吉田松陰の二十九年の生涯は、三つの時期に分けることができる。

一つ目は、藩校・明倫館の師範見習として早くから頭角を表し、九州や江戸、そして東北と各地を回り、数多な友人や師と巡り合い、見聞を広げていった時期。

二つ目は、萩・野山獄での勉強会に始まり、杉家での謹慎となる傍ら松下村塾を本格的に受け継ぎ、多くの門下生を指導した時期。

そして三つ目は、幕府の通商条約締結に憤って過激な言動に走り、同志たちからも敬遠され、やがては安政の大獄で身を滅ぼすことになった時期。

「狂」の言葉に象徴されるように、松陰というと、倒幕・尊王攘夷を過激に訴え、信念に殉じた三つ目の時期のイメージで語られることが多い。結果的には、このときの言動が久坂玄瑞、高杉晋作ら長州の松下村塾門下生と、各藩の志士たちを動かし、幕末という日本史上最大の動乱の時代を、収束に向かわせたからだ。

松陰の絶筆『留魂録』の中に、人生の営みを農事になぞらえている箇所がある。

自分という人間は、ここで死ぬ。満二十九年の生涯では、稲の生長も、実りのときも見ることはできなかった。それを残念だとは思わなくはない。だが、自分がまき続けた種を同志たちが受け継ぎ、やがて実りのときを迎えるのであれば、恥じることはない――。

勉学に励み、諸国をめぐり友や師と会い、獄中であっても人がいれば、囚人であろうが牢番であろうが真剣に向き合い、教え、教わる。正しいと信じれば、黒船に乗り込むような暴挙もする。

手を抜いたり、状況に甘んじて方法を捻じ曲げたりすることなく、常に目の前の運命と向き合い、人と接してきた吉田松陰。その「種まき」が、近代日本という巨大な実をつけることになるのは、必然的なことだったのではないだろうか。

監修　伊藤賀一（いとう・がいち）

1972年京都府生まれ。法政大学文学部史学科卒業後、東進ハイスクールを経て、現在、リクルート運営のオンライン予備校「スタディサプリ」で高校日本史・歴史総合・倫理・政治経済・現代社会・公共、中学地理・歴史・公民の 9科目を担当する「日本一生徒数の多い社会科教師」。43歳で一般受験し、早稲田大学教育学部生涯教育学専修卒業。著書に『改訂版　世界一おもしろい日本史の授業』『笑う日本史』（以上、KADOKAWA）、『1日 1ページで身につく！歴史と地理の新しい教養 365』（幻冬舎新書）、『三河物語　徳川家康 25の正念場』（リベラル社）など多数。

企画・制作　エディット
装丁デザイン　宮下ヨシヲ（サイフォン・グラフィカ）
DTP　田端昌良（ゲラーデ舎）
本文デザイン　尾本卓弥（リベラル社）
編集人　安永敏史（リベラル社）
編集　木田秀和（リベラル社）
営業　津村卓（リベラル社）
広報マネジメント　伊藤光恵（リベラル社）
制作・営業コーディネーター　仲野進（リベラル社）

編集部　中村彩・杉本礼央菜
営業部　澤順二・津田滋春・廣田修・青木ちはる・竹本健志・持丸孝・坂本鈴佳

※本書は2014年に小社より発刊した『近代日本の礎を築いた男　吉田松陰50の教え』に加筆・修正を加え、
文庫化したものです。

折れない志　吉田松陰 50 の言葉

2023 年 12 月 25 日　初版発行

編　集　リベラル社
発行者　隅田直樹
発行所　株式会社 リベラル社
〒460-0008　名古屋市中区栄3-7-9　新鏡栄ビル8F
TEL 052-261-9101　FAX 052-261-9134
http://liberalsya.com
発　売　株式会社 星雲社（共同出版社・流通責任出版社）
〒112-0005　東京都文京区水道1-3-30
TEL 03-3868-3275
印刷・製本所　株式会社 シナノパブリッシングプレス

ISBN978-4-434-33133-6　C0121